글을 좋아하고 사랑하시는

문우님께

마음을 담아 드립니다.

수선 문정숙

수선되어 가는 삶

문 정 숙 시집

● 시인의 말

석양도 좋은 구름을 만나야 붉은 노을이 곱게 빛나 보이듯 사람도 누구를 만나느냐에 따라 미래가 바뀌니, 좋은 사람 만나 감사와 사랑으로 내가 행복하고 남에게도 기쁨을 주는 삶을 이상으로 생각하며 52년 쉼 없이 함께 걸어왔습니다.

좋은 일 힘든 일도 있었지만, 인생의 참된 즐거움도 역경과 고난을 겪고 난 후 비로소 뒤늦게 깨달아 알게 되듯이, 이제야 어렴풋이 인생이 무엇인지 알 것 같습니다.

여기까지 오는데 음으로 양으로 버팀목, 울타리가 되어 함께 힘써 주신 지인, 가족, 친지 여러분께 깊이 감사드립니다.

인연으로 만나 서로 뿌리 내려 엉키어 의지하며 혼자가 아닌 함께 어울려 우린 외롭지 않게 웃으며 살아왔습니다.

이젠 세월 따라 은발의 머리카락 휘날리며 꽃길만 향해가는 여정…

건강한 모습으로 축복된 아름다운 세상을 살아가고 있다는 것에 고맙고 감사드리며, 늘 곁에 있어 주셔서 사랑하고 행복합니다.

앞으로 더불어 사랑하며 남은 여생 두 손 꼭 잡고 보랏빛 향기 풍기며 여유로운 여생 보내도록 합시다.

오늘이 있기까지 우리 부부에게 힘과 용기 주신 모든 분들께 깊이 감사드리며, 사랑하는 나의 짝 당신께 이 시집을 드립니다.

2021년 12월 13일 저물어가는 신춘년

수선 문 정 숙

생의 시간속 가장 아름다운 언어 house 자아성찰의 詩- 시인을 말한다

김천우

(시인 · 문학평론가 · (사)세계문인협회 이사장)

문정숙 시인의 시는 한세상 살아가는 동안 가장 진솔하고 여여한 시간 여행지에서 꽃잎을 책갈피에 곱게 모우듯이 한 편 두 편 시인만의 뿌리깊은 역사를 펼쳐나가고 있었다.

첫 번째 시집과는 성향이 많이 다르고 마음자리의 깊이 또한 연륜이 묻어나는 것 같아서 몇 번이고 곰삭혀 읽어보았던 수선된 metaphor 삶의 무게가 아닌가 싶다. 문정숙 시인의 시세계는 지심, 시심, 상심, 연심, 모심의 단상이 예사롭지 않는 풍부한 메시지를 전해 주고 있음을 암시해 준다. 시인만의 올곧은 시인정신이란 무엇인가? 그의 시집에서 만나는 화자의 성향은, 이해하기 전에 먼저 느끼는 최상의 예술이고 가슴으로 쓰이는 감성과 서정의 나래를 수채화처럼 수놓아가면서 내면세계의 상처를 치유하고, 신선하고 고독한 삶의 일면들을 시로 승화시키려는 거룩한 삶의 messiah적인 영혼의 울림이 고스란히 담겨져 있다.

그의 시작법을 직시하면 생활 속에서 예리한 관찰력으로 감동 감화를 깨달음의 경지를 끌어올리는 무한대의 정신세계에 도달하고 있음을 암시해 준다. 그의 시편들은 단아하면서도 풍요로운 이미지가 창작의 묘미를 가미시키고, 언어들이 가식이 없고 깊은 신뢰를 바탕으로 기도의 書 같은, 경건한 성서 같은 면면들도 눈길을 끌고 있다.

문정숙 시인의 첫 시집 서평은 한국비평가협회 초대회장을 역임하신 故 채수영 문학박사님께서 작품성을 인정하여 써주셨으며, 제2시집 서평은 문학평론가이신 우종상 문학박사님께서 탁월한 시세계 예찬론으로 평설을 중시함은 그의 문학성과 시세계는 탄탄한 내면 풍경을 참신한 시적 이미지로 승화시키고 있어 중견문인의 정상에 우뚝 서 있음을 밝힌다.

문학세계로 등단한 문인들 중에서도 시인만의 창의적이고 개성 있는 창작기법은 사유의 언덕을 넘어선 은혜충만한 삶의 향기가 진동을 한다. 그의 일상 속에서 꽃피우는 수선된 인생의 절창이 상상력을 총동원하여 흔들림 없는 시의 길을 연마하는 도도함 속에 그의 인생관이 별빛처럼 찬란하게 빛나고 있음을 작품세계 속에서 쏙쏙 발견된다.

다시한번 제2시집 출간을 축하하며 만인들에게 사랑받는 훌륭한 시인으로 거듭나길 소망하면서, 앞으로 더욱더 주옥같은 작품으로 어둠에게 빛을 전해주는 가슴따뜻한 시인으로 우뚝 서기를 기도한다.

제1부

쏟아지는 별빛

제2부

멈춘 생각 하나가

제3부

그리움에 젖어

제4부

발자국 남기며

제5부

까만 눈 크게

제1부

쏟아지는 별빛

초원의 언덕에서

초록 숲 파도 너울대면
바람 그네 탄 곡예사처럼
살랑살랑 춤추는
당신이 마냥 좋습니다

산들바람 살랑거릴 때
실버들 냇가에서 속삭이며
성큼 다가와 안부 묻는
입가 미소가 사랑스럽습니다

싱그러운 초록빛으로
순결한 마음의 여울목에서
사랑의 세레나데 불러줍니다

바람 부는 언덕에서
흔들리지 않고 다시 찾아올
신록의 계절 오월 기다립니다

고니의 꿈

하늘을 받쳐 들고
별을 헤며 날 문득
탐진강 강물 박차며
날아오른 당신은 누구십니까

태양빛이 솟아오르길 기다리며
희망에 부푼 가슴
여명의 빛 밝아오기를
긴 목 내밀며 부푼 꿈을 품어낸다

당신의 높은음자리
꿈의 좌표를 위해
먼 하늘길 차오르는 고니의 운명

태곳적 목청을 열어
붉은 해 솟아오름에
나 또한 하나의 고니가 되어
어둠에서 희망 찾아 더 높이 날아오르리라

섬진강 강조개

강 포구에 내려앉는 햇살
바람이 끌어주는 발길 따라
은빛 물결 숨죽인 듯 고요히 흐르고
뭉게구름 품어주는
마음속 푸른 그리움 새긴 섬진강

강 건너 평사리 마을의 흔적
『토지』의 배경 된 최참판댁 넓은 들녘
일상의 삶 속에 녹여낸
마음이 욕망으로 일그러졌던
소박한 농민의 눈빛 머물던 곳

천혜의 모래톱 밭
진줏빛 속살 품은 강조개
신음 소리조차 노래가 되는구나
재첩잡이 어선 물 위에 떠도는
연둣빛 사무친 그리움을 안은 채

광양 매화마을 꽃내음 벗 삼아
하동의 섬진강 기수역
바람결에 선연하여라

마음의 별

허공에도 아름다움이 있듯이
아주 가끔은
나 스스로 꽃가루 뿌리며
밤하늘 등대가 된다

행복이란 찬란한 초대 받으며
은하수 건너가는 조각배의 주인공이 된다

마음의 별은 유유히 흐르고
황홀한 감정 억누르기 위해
별빛조차 잠드는 사이
높은음자리 마침표 그린다

초승달 속에 새겨두고
높이높이 승천하는 별이여 사랑이여

넓은 세상 서로 얽히고설키듯
빛으로 빠져나가지 못한 숙명의 언저리
뜨거운 혈관을 통하여 창작의 문 열리니

하늘 구름이 걷히고
쏟아지는 영혼의 별 놓치지 않으리

오솔길 거닐며

소슬바람 불어오는
빈산의 오솔길 거닐 때

앙상한 나뭇가지 몸부림
낙엽 되어 쌓여가는 사연마다
찬 서리에 흠뻑 적시는 숲의 노래

시린 마음의 주머니를 채우며
그윽한 향기로 휘어진 길

행여 곧은길 나오길 기대하지만
또 다른 꼬부랑길로
내 삶의 여정조차 만감이 교차한다

사계의 무심함을 받아들인 것처럼
밝은 희망이라는 이름으로
오늘도 끊임없이 오솔길 걸으리라

봄이 오는 소리

봄빛 속에 기지개 켜고
눈망울 터트린
매화꽃 웃는 얼굴 내밀면

오색 무지개 언덕길 따라
꽃망울 터트린 산수유 화원

보고 싶고 그리워지는
꽃향기 모락모락 풍기는 거리
홍매화 수줍게 고개 들어
서로 기대며 언덕 위에 춤출 때

잔잔히 흐르는 섬진강 물소리
살랑살랑 불어오는 봄바람

봄이 오는 길목은
여인의 가슴 설렘으로 물들 때
만개한 매화마을 거닐고 싶다

붉은 홍매화 전율로 고백하듯
무너지지 않은 삶의 무게
향기로 피어나는 춘몽의 꽃길
따스한 마음으로 봄 마중 가네

새벽 비

고즈넉한 새벽녘
사르르 내리는 비 맞으며
들녘 길 걸을 때
빗방울 떨어지는 소리
숨소리마저 메아리쳐
풀잎들 잠 깨운다

봄비 다정히 속삭이듯
견우직녀 이별의 아쉬움처럼
태고의 숨결로
고단해진 몸과 마음
깨끗이 정화해 준다

길고 긴 겨울 한파에도
아름답기만 한 들녘 길마다
핑크빛 꽃길 그리는 새싹들의
목마른 기다림의 여정이여

수선되어 가는 삶

하늬바람 이는 파란 하늘
솜이불처럼 덮여있는 뭉게구름
두렵고 불안한 마음
그슬린 시간 속의 여울목 따라
손상과 회복이 거듭되는 세월

거미줄 같은 미로 속
켜켜이 개미집 모래성 쌓는다

미친 듯 몸부림치는 사람들
허파에 되새김질 호소하여도
부서진 것들의 우아한 환생
좋은 열매 가득한 숭고한 삶

미지의 순례자가 어둠 밀어내듯
망가진 팔랑개비 퍼즐 맞추어보니

버려진 삶 다시 재충전하고 수선하니
낯선 길 경지에서도
뜨거운 불꽃 피어난다

저마다 비스포크*에 따라
물빛 미소 사랑스러운 찰나
꿈꾸는 세상은 경이롭고 아름답다

* 비스포크 : 소비자의 요구에 따라 맞춤으로 생산하는 일. 기성 제품처럼 동일하게 대량으로 만드는 것이 아니라 소비자의 취향에 맞추어 생산한다.

동백꽃 그림자

설한 속 꿈을 키워 온
동백아가씨
가슴 저리도록 뜨거운 정열
그 입술 참으로 붉다

꽃 그림자에 절규하는 노을
가슴 깊은 곳 멍들어가는
영혼의 넋 붉은 피 토해낸다

운명의 강 바다 건너
불멸의 사랑마저 바치는 그대의 넋
얼마나 울부짖던 기도였던가

환하게 웃고 갈 그림자
못다 한 순정의 마지막 잔영

그렇게 슬픈 봄날은
어느 때나 변함없이
속절없이 벼랑 끝으로 간다

봄의 엔딩

진줏빛 은은한 하늘가
옥색 치맛자락 휘감아
오색빛깔 띄우며
반지보다 작은 나의 별에도
봄의 향연 왈츠 춤으로 장식한다

하루하루 새롭게 단장한
색동옷 갈아입고
화려한 무대 위 조명 받으며
꽃들 앞다투어 합창하는
계절의 주인공이 된다

앞산 뒷산 두견새 울 때
신록의 새잎 돋아나지만
시곗바늘 돌듯 빠른 움직임 속
꽃들의 잔치마저 놓쳐버린 우리네 삶

하늘의 별보다 아름다운 지상
봄을 떠나보내는 아쉬운 마음마저
쉬이 보내지 못한 애절함에
서성이는 신축년(辛丑年)의 봄날 하루

장맛비와 그리움

천둥이 돌풍 허리 끊어내듯
그리움 한 아름 안고 내린 비

폭음과 함께 떨어지는 빗방울 소리
놀란 풀잎들 무서워 움츠리고
목마른 나무들 가지마다 촉촉이 젖는다

장맛비 지나간 자리
햇살이 얼굴 내밀며 아장아장 다가와
품 안에 살포시 내려앉으렴

세월의 무게만큼
비어있던 텅 빈 자리
꿈과 희망의 금자탑 쌓는다

가을을 알려주는
단락에 곱게 핀 봉선화 꽃잎 모아
손톱에 예쁜 물들여준
사랑의 생명수 닮아서 넉넉했던
수국꽃 닮은 나의 큰언니

날이 갈수록 보고파지는 애틋한 마음
장맛비와 함께 묵혀두었던 그리움 왈칵 쏟아진다

홍매화

긴 겨울 피골상접한
너의 붉은 눈망울 빛깔에 반하니

희망의 꿈 높은 온도의 경지
섬진강 해조음 따라
은빛 모래 안고 흩어진
붉은 꽃비 한 폭의 풍경

잿빛 하늘에 가려 가슴 태우다
진분홍 파도 타고 얼굴 내밀며
가지 끝부터 움트는
연둣빛 잎 팝콘 터지듯 타드는구나

파란 하늘 따스한 햇살
향긋한 꽃향기에 취하여
시간이 멈추는 것 같은 예쁜 꽃
고요 속 인내의 미덕을 느끼며
선비의 심지 충절의 고결함에
오늘도 난 결백과 미덕을 배운다

계절의 시추(時推)

세월의 시추(時推) 아롱거리듯
지금 이곳까지 오는 길목에 다다랐네

또 어디까지 가야 하는지
투명한 빗방울처럼 무게를 알 수 없어
섬긴 마음 모호하고 초조할수록
숨이 막혀온다

삶의 끝자락 어딘가 알 수 없듯
화려한 그래픽으로 펼쳐진 계절 앞에
망설임 없이 직진만 한다

오색 나뭇잎 사이로 곱게 뻗은 외길을 걷노라면
어김없이 흐르는 사계절 닮아 가고

귀전을 울어대는 구성진 귀뚜라미 소리
아~ 가을인가
노란 은행잎 뒹구는 집시처럼 길 떠난다

하염없이 흘러내리는
눈물 샘솟는 무념의 계절 앞에서
또 하나의 사랑과 이별 끝에 섰는가

다시 보랏빛 사랑

우수도 경칩도
아직 멀리 있는데
개구리는 착각에 날갯짓하고
동백도 백설 속에 꽃이 피니
마음 안에 정녕 봄은 오고 있는가

별무리 따라온 그대
심장 깊은 곳 씨앗 뿌리고
흐르는 세월만큼
하나, 둘 머금은 꽃망울
고난 속에도 보랏빛 자태 꽃 피운다

뜨거운 욕망이 붉게 솟아오르고
비너스 닮은 내 연인
밤마다 날마다 나의 들녘 찾아와
설레는 앙가슴 장미꽃 피운다

운명의 화신인가
아름다운 발자국 밟으며
긴 겨울 마른 심장에 스며드는
보랏빛 향기
다시 그 사랑으로 밀려오고 있다

둘 아닌 하나

그대 머문 곳 내가 있고
내가 머문 곳 그대 있으니
우리 언제나 함께 동행할 둘 아닌 하나

아기 있는 곳 엄마 있고
엄마 있는 곳 아기 있으니
우리 뗄 수 없는 둘 아닌 하나

평안한 안식처에는 가족 있고
행복의 둥지 동고동락할 곳 있느니
끈끈한 정 함께 나눌 둘 아닌 하나

우주 있는 곳 자연 있고
자연 있는 곳에 우주 있으니
우주 만물 어울려 둘 아닌 하나

물 흐르니 물고기 있고
물고기 있는 곳 물 흐르니
물과 물고기 짝은 둘 아닌 하나

시간 있으니 세월이 있고
세월 속 시간 지나니
우리네 인생도 둘 아닌 하나

수선화 연정

노랑 둥지에
긴 목을 내밀고 서성이며
숱한 이야기 속의 추억
마음만 간직하고

봄 처녀 시샘하듯
고운 자태 그 꽃송이

작은 여인의 등 뒤에
피어오를 때 그 모습으로
햇살을 삼킨 당신의 미소
그해 봄 첫마디 웃음꽃

흘러간 시간 새끼줄에 묶어
먼 산 그리움 좇듯 바라본다

한세월 노란 옷 입었던 청춘
뒤돌아보는 눈가에
촉촉이 눈물 젖은 시간들

낙화하는 꽃잎들의 아우성 안타까워
그대의 고귀한 삼월을 지키고 싶다

마음에 꽂힌 온정

인간의 화합과 포용은
힘보다 자신을 낮추는 아름다운 선물

낙향하는 선비처럼
가슴 시리도록 애절한 고향의 그리움
별빛 하늘만 바라보는 이국땅

마스크로 가려진 냉가슴
지옥을 넘나드는 신종 코로나
가슴 옥죄는 두려움과 고통
뼛속 깊이 파고드는 쓰라린 고통이어라

그대 조국을 찾아오는 날
이곳저곳 터져 나오는 진실 앞에
말문이 막혀 하늘 우러러 바라볼 때
"아산" "진천" 땅에 무궁화꽃 피었네

고통과 절망 속에서 많이 힘드셨지요
어서 오세요. 환영합니다
이제 우리 함께 이겨냅시다
편안하게 잘 계셨다가 가족 품으로 가세요

조국의 온정 동포애 가슴에 담고
더 큰 세상 향해 힘차게 나아갑시다

가슴 뭉클한 온정
섣달 정월 보름달보다도 더 큰 사랑
조국의 더 큰 품 한없이 따뜻하였노라고

어느 봄날에

요원(燎原)한 봄날
내 마음의 욕망이 아스라이
햇살 무늬로 빛난다

심술쟁이 꽃샘바람
당신이 남긴 향기로
끝없이 펼쳐진 길섶마다
변함없는 꽃망울 살며시 눈뜬다

마음에서 마음으로
그림 바다 숲 어우러진
심연에 맑은 물소리
고요한 울림을 고백한다

물오른 사춘기 나무처럼
풀잎들 기지개 켜는 소리
따스한 봄날 꽃 물든 자목련의 고독
짧은 이별이 다가올 줄 누가 알리

고요한 생명의 숨소리
내 안을 깨우는 어느 봄날
천지간에 꽃 피울 그날 기다리련다

제2부

멈춘 생각 하나가

언젠가 그날에

한 해가 두 동강 난 6월
초록이 동색이 되듯
조국 사랑에 몸 바친 영혼
체온만큼 뜨거웠던 그해 여름

초여름의 강렬한 햇살은
넓은 허공을 가르며 달구어갈 때
흔적 없이 사라진 민초들
상처 난 가슴에도 꽃피운다

풀잎마저 당신의 아픔을 아는지
뼛속 깊이 환상으로 남아
소쩍새 울어대는 소리 애달프다

언젠가 애타게 그리운 그 날에
선홍빛 장미 잎 하나둘 질 때
마른 손수건을 적시며 흔들어대던
그대들의 조국 민족의 혼 찬미하리

비 내린 여름날의 해후

우산대 골 타고 흐르는 비
빗속 여인의 울부짖음처럼
짧은 생 마감 준비하는
매미의 구성진 울음소리 애절하다

비바람 스쳐 지나가는
창밖의 빗줄기 바라보며

행인들 발걸음마다 사연 싣고
사랑의 울타리 안에서 살아간
소중한 삶 깨닫게 한다

세찬 빗줄기에 젖고 젖어가는
봉선화 꽃잎 하나하나 시리고 아프지만
다시 온다는 은밀한 속삭임
예쁜 연분홍 옷 입고 찾아온다는 기별

여름의 마지막 몸부림인가
말복이 지나도 뜨거운 불볕더위
언제나 멈출까 하는 푸념 속에
비와 함께 여름 떠나가고 있다

접시꽃

접시 안테나 하늘 문 열고
햇살을 품고 살포시 속살 드러낸

철없는 소녀의 아픈 빛바랜 추억 품어내듯
어긋난 잎의 겨드랑이에서
애련한 연서 까치발하고 기다리려나

진분홍 옷단장 곱게 차려입고
풍성한 날갯짓 바람결에 실어

자투리 허공마저도
꽃잎에 안부 물어보는
못 잊을 그 사랑 금자탑 쌓는가

그대 옷고름 속에서
품어내는 향기 코끝에 머무니

자색(姿色) 빛에 취하여
가는 길 멈추는
여름날의 그윽한 향기여

어머니의 하얀 추억

허공의 하늘 가득 채운 우주를 바라보니
성찰의 혼으로 깨달은 삶
무겁게 내려앉은 현실의 벽
먹구름이 지나면 언젠가는
과거로 회귀될 어머니의 하얀 추억

오늘도 어머니는 해 기우는 창가에서
회한의 강 건너가네

뒷동산 언덕에 날개 접고 앉은 영혼
그리움에 억장 무너진 하루

평생 자식 걱정 가정 살림 꾸려가며
빈틈없는 당신 모습 거룩하여라
일흔 넘은 딸 열두 살 철부지라고
어머니 머릿속 시계는 고장이었는가요

하늘이 무너진 슬픔의 날개 이 못난 자식은
눈물 바람 서러운 가슴 달래는구나

빛바랜 사진처럼 희미해진
당신의 추억은 지금 어디쯤 향해 가고 있을까
내 어머니 손 잡고 봄나들이 가듯

영원히 잊지 못할 기억의 저편에서
오래도록 주홍글씨처럼 새기렵니다

쑥섬*

쪽빛 하늘 에메랄드빛 물결 위
햇살 부서지는 파도 따라
바닷새 나래 짓 숲속의 어울림
힐링의 쑥섬 가슴에 묻어둔다

섬의 검푸른 등성이를 타고
400년 묵은 울창한 숲 언덕
난대 원시림 매력에 푹 빠져든다

문득 나태주 시인의 '풀꽃'이 떠오른다
'자세히 보아야 예쁘다
오래 보아야 사랑스럽다 너도 그렇다.'

나무의 푸르름과 청량한 공기 속에
사근사근 지저귀는 새들의 합창, 벌레 소리
꽃이 가득 핀 바다 위 비밀정원
꽃길인 듯 가물거리는 황혼의 언덕
야원의 숲 최고의 몽상이다

선착장 마을 돌담길 어민의 애환과 삶
갯벌 내음에 묻혀 버린
목선 한 척 고즈넉하게
길손 기다리는 이곳에 머물고 싶다

※쑥섬(艾島) : 전남 고흥군 봉래면 나로도항길 120-7
애도(艾島)를 「쑥섬」으로 개명(2010. 10. 13)

비 오는 날

대지를 숨결로 흔드는
거센 빗줄기 바라보며
마음에 갇혀버린 얼룩진 그리움

속울음조차 삼키지 못해
눈물의 구성진 씨앗으로 맺힌다

밤비에 젖어가는 외로움마저
붉은 강물 되어 흐르고 흐른다

아주 가끔은 블랙홀 속에서
여명의 빛 비추어주길 바라며

떠나버린 곳마다 흔적 머물 듯
슬픈 실루엣처럼 애틋한 추억으로 남는다

초원의 연가(煙歌)

하루에도 몇 번씩 드나들며
아궁이 불 지필 때
부시깽이 이리저리 휘저으면
눈물이 연기되어 날갯짓하니
가슴 시린 서러운 영혼 견디어 온 세월

부부 사랑 자식 사랑도
연기(煙氣)처럼 피어 올린 지난날들
가슴속에 달구어지는 불꽃

영원히 꽃길만 걸어갈 것처럼
보낸 세월 얼마 만이었을까

하늘 밭으로 피뢰침처럼 솟아오르다가
구름처럼 사라지는 인간지사 새옹지마
어머니 가슴에 묻힌 눈물 항아리였나

온 가족 옹기종기
따스한 온돌방 아랫목 앉아
이불 속에 발 맞대며
옛이야기 꽃 피우던 웃음마당
그때 그 시절 행복이 넘치는 집

순천만

다양한 생물을 품에 안은
갯벌 위로 번지는 낙조의 빛
에메랄드빛 같은 한 폭의 수채화

선연히 물들이는 붉은 저녁놀
갈대숲 피리 불며 춤추는 무대 위
스잔한 칼바람 불어오니
삶의 쓸쓸함과 깊은 고독을 느낀다

갯벌 흙 내음 물 내음
생명체 피어나는 자연의 향기
짱뚱어 저어새 흑두루미 불러 모아
갈대들 노랫가락 풍경 자리 절정이다

갯벌 포구가 환기 무진기행
그림 같은 초가와 황토마당
어머니 따뜻한 사랑을 꺼내 보며

김승옥 작가의 아스라한 추억과 함께
목울음 울어대는 바람 소리 따라간
순천만 시간 여행지에 잠시 멈추리라

민초(民草)의 울림

삼천리강산
동백이 군무로 불 지피면
하늘과 대지의 별무리

백의민족의 3월 1일 광복 운동
무명옷 저고리 깃발 되어

애민정신 울림의 아우성
귓전 맴돌아 뼛속까지 스며드는
영혼의 넋 붉은 피 토해낸다

선홍빛 동백 아가씨 상처로 물들면
운명의 강 건너가는 민초들
얼마나 자유를 울부짖었던가

눈을 감아도 아득한
민초들 무색옷 걸치고 맨발로
발끝 쇠사슬에 흘린 검붉은 피

칼바람 벼랑에 낙화한 꽃
촛불처럼 환하게 밝혀 줄
애절한 겨레의 합성
온 누리에 태극기로 펄럭인다

장마의 향연

소낙비 며칠째 후드득
하늘 울어대는 낙숫물 소리
아픔이 스며드는 울림에 젖어 드네

서러움 안고 애원처럼
나뭇잎 가지 때리는 계절

비구름 도시를 적시며
빛을 받아 오로라 같이
잿빛 하늘 물들여 오니
슬픈 사연 간직한 채 뿌린다

멈출 수 없는 눈물
목마른 대지와 생명들
갈증을 덜어주는 선물인가
자연의 조화 속에서 오색 빛 선율을 타고
행복한 미소로 웃음 짓는다

우리들의 진정한 바람은
늘 기억의 자리에서
삶에 지친 손을 흔들며
넘치지만 않았으면 좋겠다

하늘 창문

하늘 먹구름 비구름 천둥 번개들
장맛비 속에 더욱더 빛나 파란 창문

파란만장한 그리움의 파편들
거미줄 같은 미로를 헤맬 때
수많은 시련을 극복한 희망인가

창문에 가려진 비의 연가
장대비에 젖어가는 외로움 달래네

행복과 기쁨이 교차하는 그 순간
떠밀려오는 마음의 세레나데 부르며

여름 햇살이 만든 작품들
우주의 길이 활짝 열리니
가슴숨 쉬는 하늘 아래
하늘의 평강 땅의 기쁨 날갯짓하겠지

곡소리 없는 장례식

천체(天體)는 정상 궤도를 돌고
자연은 서로 기대며 공생하고

인간과 동물들은
생태계를 교란하는
신종 악성 바이러스 침투

생(生)과 사(死)의 갈림길에서
마주할 사람과 사람 사이의 골 깊은 섬
대화조차 할 수 없는 곳에서
이승의 마지막 작별을 고한다

헌신적인 희생 봉사로
민초들의 두려움을 떨쳐야 하는
현실에서 망연자실한 세태

허나 죽는 망자가 떠난 뒤에도
산 자는 살아야 하는 기막힌 현실

역병(疫病)으로 가족 곁을 떠나가도
가려진 마스크로 곡소리조차 낼 수 없어
벙어리 냉가슴만 가슴 쥐어뜯는구나

하늘나라로 떠나보내는 길
간절한 기도로 평안과 안식 영면만을
기도할 뿐이다

꿈을 전해 주는 빗방울

생명의 속삭임 수군거리며
가뭄 젖줄을 찾아
메마른 나뭇가지마다
빗질하고 지나가는
빗방울 소리 정겹다

그리움은 빗방울처럼
봄옷 입혀주니까
꽃망울들 옹기종기 모여
물안개로 피어오르니

우리네 삶의 계단
힘겹고 가파르며 숨이 가빠지지만
이렇게 비가 내리는 날엔
많은 생각 주마등처럼 떠오르니
빗방울 수만큼 우산 되어 주었을까

오늘 하루만이라도 고운 마음으로
이웃에게 부족함 채워줄 사랑의 그릇되고
아픈 이에게는 가슴을 품어줄 천사로
삶의 깨달음 주는 빗방울 수만큼
봄 햇살 고운 결 따라 애가 부르며

나 하나의 보라색 우산이 되어
그대 씌워드리리

어둠에서 빛으로

비단 물결 같은 5월
그 맑고 푸른 하늘 아래
민주화의 광명 찾던 날

승냥이 떼 몰려와
붉은 태양빛마저 삼키고
칠흑 같은 암흑의 그 날 밤
쓰라린 눈물 흘렸네

정의에 불타는 별빛들
숨길 수 없는 아픔이어라

구국의 애통한 함성 앞에
삭막한 영토 바람길로
아카시아꽃 면류관
사뿐히 즈려 쓰시고 가셨네

님이시여 아, 님이시여
그대들 고귀한 영혼

평화의 종소리 울려 퍼지는
지하 궁전 곱디고운
그 꽃길로만 가세요

서산동 비탈길 골목 어귀

언덕 위로 참매미 소리 맴맴
발바닥 쓸어내리는 비탈길

힘주어 걷고 뛰어보아도
좁은 골목길 묻어나는 애환의 여정
못내 잊을 수 없는 추억의 덩어리

갯바람 너울지는 선창가
비린 생선냄새 풍기며 새벽잠 깨우는
울 할머니 갈치 사려 외치는 소리
좌판대 부녀자들 도란도란 이야기꽃 피운다

삶을 용해하는 소용돌이 속에서
만선으로 돌아올 고깃배 기다리며
거친 손 주름진 이마 서로 맞대고
옹기종기 그물 손질하는 아낙네들

오가는 사람들과 정 나눈 눈인사
회한의 삶 뜨개질하는 바늘보다

서로를 위로하며 더 이상
찾을 수 없는 그들만의 아름답고 슬픈 이야기

누군가에게 걸림돌 되기보다
디딤돌이고 싶은 간절한 바람
어느 여름날 서산동 골목의 정겨움이여

어둠에서 찾은 빛

오월의 비단 같은 하늘 아래
민주화를 되찾은 날

승냥이 떼들 몰려와
태양의 붉은빛 삼키는
노을이 지는 암흑의 밤
은하수도 분노의 눈물 흘렸다

정의에 불타는 현란한 달밤
별들의 속삭임까지도 울부짖던 그 날

구국의 외침 함성
정열의 불빛은 더욱 타오르니
아픔의 가슴 헤아리지 못하고
아카시아 꽃 면류관 쓰신 님이시여

오월의 붉은 장미꽃 향기가 풍기면
보고 싶은 그대의 외침 소리 끊임없이 들려오니
빛이 되어주신 걸 어찌 잊을 수 있을까

그대들 순진무구한 영혼
자유의 종소리 만방에 울려 퍼지니
영원무궁한 지하궁전에서
묵향 가득한 꽃길로 가세요

여름밤에 내리는 비

잿빛 구름 머문 하늘
삼복더위 대지는 이글거리며
신록의 그늘 그리워질 때

풀 섶 헤집고 쏟아지는 빗방울
상큼한 미소 서로 마주하며
여름밤 허전한 공간 채운다

장맛비에 젖은 가로등
불빛 분수 나부끼니

밤손님 노크로 찾아 온
시원한 빗줄기의 군무
애타는 사랑 갈증을 멈춘다

목마른 잎새의 입맞춤으로
싱그럽게 되살아나니

빛을 잃은 들풀들
장대비에 젖어 반짝이며 질감을 뽐낸다

어둠 적시는 뭉클한 설렘
과하지 않고 조금은 넘쳐도 좋을
폭염에 지친 심신의 공기처럼
시원한 장맛비 허기진 가슴 가득 채운다

제3부

그리움에 젖어

바퀴 달린 캐리어

긴 여운 긋는 추억들
봄길 향한 여로에서
가슴 가득 물들일 때

벌 나비 꽃바람 향기 맡으며
추임새 가락 가득 채운다

마음 안에 갇혀버린 겸손한 마음
여름 바다의 출렁이는 소야곡
망부석처럼 굳건히 서 있는 노송
그 자태 염원하듯
시인의 손과 눈 속에 빛을 발휘한다

영글어 가는 황금 들판
가을의 풍경소리
붉은 얼굴 내민 청량한 하늘
산맥처럼 밀려오는
신비로움에 취해 낙엽의 노래 듣는다

허허로운 대지는 하얀 천사가
맑게 정화된 세상에서
잉태한 생명이 자연 속에 존재하듯
공존의 사계 담고 캐리어는 달리고 달린다

그리움은 먼 곳에

기억의 편린 속
적막강산 동구(洞口) 밖
하얀 분가루 내리면

주마등 따라가는
그리움의 길목은
고독의 슬픔 응어리
토해내는 눈이 쌓인다

암흑 속 흔적 찾아
내 마음 기차가 달릴 때
삶의 굴곡진 희로애락
백옥 같은 새색시 눈물

외로움 참지 못하고
밤새도록 울음 터트릴 것인가

그리움은 먼 곳으로부터
잔잔하게 깊은 곳 채운다

김승옥 문학관을 찾아

갈색빛 그림자 밟으며
무진기행 길 찾아
신기루처럼 떠나고 보니

인간의 삶도 안개 되어
갯벌에 붉은 물이 들었나 보다

순천만을 둘러싼 노을
안개와 해풍 속에
미립자처럼 섞여서 휩싸인 채
당신의 존재는 외로움에서
아름답고 고귀한 흔적 남기셨습니다

갯골 사이사이로
수많은 애환이 담긴 인생 지표는

우리 삶의 의미를 땅 위에 세운
보존가치와 존재를 깨달았으며
호수처럼 맑고 고요한 당신을 만났습니다

떠나고 남긴 회자정리의 법속에서
당신의 진귀한 유품은 제 몫을 다하듯
거친 부드러움이 숨 쉬는 걸 잊고
푸른 하늘 맑고 깊어만 갑니다

다시 찾아온 널 붙잡고

코스모스 바람결에
계절은 회전목마 타고
가을 훈풍 여운
허공을 흔들고 지난 후
그리운 당신 내 곁에 왔습니다

조화로운 우주공간
시간의 빈틈 사이
온몸으로 화려한 들판을
꽃물결 일으키며 찾아왔습니다

맑고 푸른 하늘 아래
순정의 꽃으로 피어
가을 품 안으로 쓸어안고
다시 찾아온 널 꼭 붙잡고 싶습니다

쓸쓸한 변방을 배회하면서
막힌 숨 품어내는 순결한 자태
오늘도 당신을 맞아
소박한 꿈 피어 봅니다

한가위 기도

다시 그리운 당신에게
한가위 보름달 같은 이내 마음 전합니다

사방으로 흩어진 가족들
고향의 향수와 더불어
둥근달이 되는 추석날

모든 사람들이
서로를 바라보는 눈길마다
온화하고 자애롭기를 바랍니다

버거운 우리의 삶
탐욕의 탈 벗어버리고
더 따뜻한 마음 되기를

시기 질투 편견 버리고
서로를 더 사랑하기를
두 손 모아 간절히 기도합니다

맑은 샘물보다
먼저 내 마음 맑게 흐르고
둥근 한가위 달 바라보며
당신도 나도 내내 행복하기를

성묘(省墓)길

가신님들 그림자 따라
조상들 산소 향한 발걸음
사무치는 그리움 되어 갑니다

한가위 보름달 속
온통 황금벌판
양각으로 뜨는 무리
조상님 찾아갑니다

별리에서도 가슴 파고드는
가족은 하나임을 느끼는 순간
초록은 동색이 됩니다

뿌리 깊은 가문의 곡간마다
행복의 알곡 가득 채우는데
이 한 세상을 훌쩍 떠나가신 그 자리
당신의 사랑은 노을빛으로 물들고 있네요

늘 감사하는 마음으로
잊지 않고 간절한 기도 드리며
귀하고 귀한
당신의 존재 중심으로 풍요로운 한가위 맞이합니다

낙엽예찬

맑은 하늘 금빛 햇살 받아
오색단풍으로 물들면
고운 잎새 카드섹션 놀이하듯
예쁜 모습 내 안에 소롯이 머문다

바람은 낙엽을 그네에 띄워
고즈넉한 고가(古家) 지붕 위 뒹굴다가
들꽃 향기 그윽한
온 산야 붉은 꽃 잔디 깔았구나

초원에 여린 새싹 틔운 정원
세상 풍상 모두 겪으며
희망과 꿈꾸어 왔는데
가을 따라 퇴장하는 모습 서럽고도 아름답다

생의 존재 가치
곱씹게 하는 애틋함으로 빛날 때
석양빛에 저물어가는 낙엽처럼

곱고 아름다운 노을빛으로
흘러 흘러갔으면 좋겠습니다

목련꽃 닮은 내 어머니

봄 향기 가득한 사월의 첫날
어머님 영혼의 쉼터 영락공원*
만남의 기쁨보다 가슴이 울컥 시려온다

이별과 만남이 비껴간 자리
하얀 꽃 노란 꽃 연분홍 꽃들
연둣빛 풀잎과
아련한 그리움만 켜켜이 쌓이네

불멸의 미소 입가에 담고
노랑 치마저고리 입으시고
자식에게 못다 한 그리움의 등대처럼
묵묵히 내려다보고 계신 어머니

변하지 않는 세월의 변주곡처럼
이별은 어쩔 수 없는 숙명이었다고

남다른 자식 사랑으로 곱게 키워주신
하얀 목련꽃보다 우아한 내 어머니

꽃보다 향기 짙은 상처
봄비로 되어 내 곁에 목련꽃은 지는데

밀물처럼 불어온 바람도 가는 길 멈추는
목련꽃의 닮은 내 사랑 그대여

꽃비처럼 눈물겹도록 애틋한
아름다운 사랑 남기시고
꽃상여 타고 찬송가 들으시며 흔연히 떠나
목련꽃 같은 울 어머니 너무 그립습니다

* 영락공원 ; 광주광역시 효령동47-4 공원묘지 제2추모관(납골당)

구월이 오면

세월의 빈 공간
정겨운 실바람 창살을 노크하듯

가을 채취 풍기는
마음의 속삭임들
햇살 속에 영글어간다

찜통더위로 팔월과 이별도 아쉬울까
하얀 마음
파란 하늘길 허공을 뒤흔드니
차안[此岸]을 벗어나듯 눈물 되어 흘러내린다

구월이 오는 청량한 소리 들으며
삶을 꿈꾸며 달리는 평행선에서
가을빛 향기 따라
풍성한 영혼의 울림 가꾸어가네

야외무대 위를 춤추는 고추잠자리
왈츠 추듯 사발사발 날갯짓하니
평화 무드가 그리운 계절

천고마비의 낭만이 익어가는 계절
구월의 여로에서 황금 들판 그리며
내 마음은 찬란한 꿈을 담아본다

그해 가을

자줏빛 국화 향기
스멀스멀 만삭이 된 계절
당신 숨결이 파노라마처럼 밀려올 때
멈추지 않은 고통 짓누르며

삶의 애환 터널을 지나
가파른 언덕에서 이탈하려 합니다

초승달은 먹구름 속
매달린 풍경처럼
당신 떠난 텅 빈 자리

공허감이 밀려와 애절히 불러봅니다
가을밤의 소야곡 되어 애련합니다

그해 가을
유독 가슴이 울컥하더이다
밤하늘에 국화꽃 하나 둘 수놓고

무한한 사랑 안겨 주시던 향기
사부가의 별빛으로 승화하니
지금은 뵐 수 없는 울 아버지 너무도 그립습니다

분꽃 아가씨

바람이 창문을 열고
하늘별들 만찬 준비할 때
곱게 몸단장한 고운 우리 님
예쁜 얼굴 내밀며 다정을 부른다

삼복더위 대기처럼 가득한
열정의 분꽃은 색동옷 갈아입고
서로 화합하고 생존하는 무리
그대 머물던 향기로운 자리 예쁘구나

연지곤지 바른 새색시 볼처럼
야생의 하늘가에 속살 태워 띄우는
꽃수레의 빅뱅(Big bang)
어둠 속에서 강물처럼 방출된다

둥근 잎 가장자리의 톱니바퀴처럼
까만 홀씨로 불시착한 아가씨
짧은 이별이 이렇게 아픈 성숙인 것을
예화에 미처 몰랐어라

옛집

발길 따라 시골 옛집 찾아간다
시집가서 한때 머물렀던 곳
온 가슴 열고 모두 주어도 아깝지 않은
내 정든 그리움 묻어 두었네

돌담길 굽이 돌아 대문 들어서니
홀로 훌쩍 자란 감나무
잡초로 묻혀버린 장독대 사이 둘러보니
공허한 마음에 젖어 들고
불현듯 서러움이 울컥 목메어 시려온다

참 좋은 인연으로 만난 가족들
옛이야기로 웃음꽃 피우던
오색 무지개 추억의 정담이 담긴
정과 사랑이 가득 찬 행복한 둥지

삶의 희망과 생명을 잉태한 곳
먼 훗날 두고두고 새겨질
사라지지 않은 풍광들 주마등처럼
내 머릿속에 수채화로 피어나리

늦게 핀 풀꽃

여름 땡볕이 뜨거운 오후
그리움의 창을 열면
조그만 전원에는
작은 꽃망울들 온종일 춤추며

서로가 등 돌리고 흩어졌다가
다시 처음 다정한 모습
작은 꽃잎들 어울러 의지하며
무언의 독백으로 분주한 풀꽃들의 향연

사계절의 순환 속에서
어느 것 하나 부족함 없이
만나고 이별했던 자리마다 다시 피어났다

산들산들 바람 따라
나도 덩달아 행복이 덩실덩실
화려하지 않아도 소담하게 살아가는
너의 순결한 모습을 보며
나 또한 깨달음의 강을 건너간다

고향의 향수

햇살 따라 돌담길 사이
만개한 모란꽃 추억 한 아름
주마등처럼 낙화하는 꽃송이 바라보니
시집간 울 언니 그리워진다

천년 비색의 고려청자 골
흙을 다루는 도공의 혼을 담은
장인의 손끝처럼
전통 민화 담긴 도자기들 보니
어머니가 수놓은 책상보가 생각난다

고향 강진 땅을 그리는 말굽처럼
사색과 명상의 다산 오솔길
정약용이 머문 다산 초당 거닐 때
동백꽃 길 붉은 융단 깔린 백련사
아련한 달무리 스며드는 그리움

일몰 전 황금빛 물든 강진만 풍광
갈대숲 화음이 물결처럼 흐르고
갯벌 따라 철새 나는 남포 전망대
내 고향 남쪽 끝자락
지금쯤 고향의 봄은 지나가고 있겠지

가을에

새벽달 기울도록 청잣빛 하늘
빈 가슴 흔들어 놓고
이별을 예감하듯 낙화하는 꽃잎
붉은 강 되어 출렁이고

초가지붕 하얀 박꽃
돌담길 환히 밝히는 우수의
그대에게 사랑의 편지 보낸다

해맑게 미소가 고운 코스모스
넉넉한 농부의 마음 담겨있고
파스텔 톤 단풍 예쁜 얼굴 내민다

수채화 같은 가을 풍광
꿈의 파라다이스로 풍요롭지만
허전한 마음까지도
결실의 열매로 맺혔으면 좋겠다

회상(回想)

해거름 석양이 빌딩 숲 지나갈 때
가슴 높이 뜬 조각달
수줍은 사랑 붉게 물들이고
옷고름 살짝 여미면서 미소 띤다

다가올 바람에 저항 않으려
살을 에는 진통으로 지새운 하얀 밤
진홍빛 사랑의 연민
깊은 사유에 잠긴 침묵의 시간
한 송이 빨간 동백꽃처럼 뜨겁다

그대 자애로운 눈빛 설레임
나 또한 그대를 너무 사랑하기에
핑크빛 연정 익어가지만

소슬바람에 혹여 흩어져 버릴까
설익은 미완의 사랑과 우정까지도
깊은 후회 끝에 떠나보내는 이별
영원히 사라져가는 것조차
다시 한 소절 열고 닫는 회상의 길목

마음속 피는 꽃

언제나 난
하늘 지붕 아래
당신 주변을 빙글빙글
맴도는 나그네

언제나 난
당신 곁에서 룰루랄라
노래하는 두견새

언제나 난
당신 가슴에 핀
한 송이 수선화꽃

만추(晩秋)의 들판
겨울이 오는 길목에서
한 줄씩 비워 가는데

보고 싶은 마음
나그네 편지
두견새에게 전하면
마디마디 별꽃 되어
그리운 당신 가슴 수놓으리

언제나 난
당신 마음에 피어나는
수선화꽃으로 살고파라

빛바랜 추억의 그리움

백지 위 까만 씨앗 뿌리고
곱게 간직하며

누구도 찾지 못할 발자취 남기고
울어댔던 매미 껍데기처럼
마르고 말라 변화됨이 전해온다

소롯이 기억되는 슬픈 나날
아쉬움 가시지 않은 여운 따라
골 깊어지는 삶의 향기
추억의 흔적을 낳는다

해거름 노을의 애잔한 몸짓
지고지순한 인생 녹여낸 지우개처럼
마음속 그리움 파편의 울림
신성한 바람 잎새마다 스쳐 지나간다

초록빛 바랜 갈색의 변천사
울긋불긋 다홍치마 입고 예쁘게
연지 곤지 바르고 가을 속으로 떠나가신
울 어머니 곱디곱던 미소가 그립습니다

제4부

발자국 남기며

애틋함 반 기대 반

연둣빛 아기 같은 새싹의 순결함
온 산야 초록으로 수놓으니
싱그러운 푸르름
파랑새 되어 훨훨 나르며 잎새마다 새겨진
다홍치마 입고 봄나들이 떠난다

벌거벗은 나목들
마음 바쁜 바람에 맴돌다
노을빛 받아 붉게 물드니
걸어온 만큼 아름다운 우리의 인생길

눈앞에 멀어져 가는 꿈들
기억 속 아련한 애틋함이라면
그 너머에서 다가온 미래
밀당을 하듯 긴 여운 속 기대감

머릿결 스치는 바람 소리마저도
어느새 몸을 움츠러지게 하는
계절의 끝자락 초겨울이 성큼 다가오고 있다

시간과 사람 그사이

금햇살이 이렇게 고운 날
내 마음 깊은 곳에 파도치듯
젊은 날의 피날레(finale)
달콤함과 용기를 찾았습니다

세월의 창파에 노닐다가
아이가 청년, 중년으로 성장하여도
핑크빛 사랑을 위하여
고난의 순례길 넘고 넘었습니다

자연은 초록이 짙어가고
아카시아 향기 그윽한
초여름 낭만도 잃어가면서
알찬 결실의 계절 기다렸습니다

허나 지난 시간 펼쳐보니
잃은 것보다 풋풋한 가을
얻은 것이 훨씬 많아
익어가는 열매로 쌓인 추억

아름다운 세상의 파노라마
우리네 값진 삶 반추해 봅니다

도둑맞은 세월

풍경 속에 나부끼는 잎새
한잎 두잎 허물 벗을 때
창공은 보라색으로 물들이며
세월은 저 멀리 도망치는구나

강변 포구 갈대밭 은발 머리
안타까움 붙잡고 휘날리고
물안개처럼 사라져 가는 삶의 흔적들
긴 터널 지나온 값진 인생인가

실타래에 엉키고 엮어서
꺼지지 않은 영원한 불꽃
마음 깊은 곳에 머물고
무지개 꿈 조각하면서
화선지에 얼마나 많은 공을 들였던가

찬란한 우리네 삶의 여정
황혼을 향해 도독 맞은 세월 앞에
지는 노을마저도 사랑스럽고 아름답다

요즘 왜 이러나

우주는 날마다 삭막한 잿빛인데
대자연은 묵묵히 초연한 자세로
정열적인 사랑 중

여기저기 계절의 찬란한 풍광
시리도록 찬란하게 빛나건만
눈부시게 아름다움 바라보는 것조차
미안해지는 애절한 영혼의 울림

호수같이 흔들림 없는 평온한 일상
오늘따라 더욱 소중함 깨닫는다

사시사철 변함없이
파란 하늘 마음껏 볼 수 있었으며

어떻게 할까 어디로 가야 할지
두려움이 크지만
의료인들의 헌신적인 희생과 봉사
그림으로 그리려니 열 손가락마저 아프다

이승과 마지막 작별 인사
가족 곁을 떠나는 슬픈 이들 지켜보며
곡소리 낼 수 없는 코로나의 비애여
하늘 문 열리고 고통 없는 낙원에서
부디 영면하시어 못다 한 사명 누리기를 빌고 빈다

하얀 종이 위에

하늘 벌새
종일 날갯짓하며

빈 여백의 종이 위로
꿈꾸는 세상 펼쳐진다

그곳엔
나비 춤추는 목화꽃 세상
하얀 마음들 한 아름
사색의 풍광이 모여
너로 하여 발로 시를 쓰게 한다

목화솜 펼쳐놓은 하늘 이불
온화한 내 어머니의 풍만한 젖가슴
정과 사랑으로 내 안의 나를 안는다

남겨진 발자국 하나하나
얼룩진 기억 더듬어
초가집 아랫목 서로 비비며
사랑 옷 입은 달콤새콤한 시를 읊조린다

흔적

세월의 흐름을 그래픽처럼 그려놓으니
수천 년 철썩철썩 울어 대는 소리
깊고 넓은 바다는 숨 가쁜 파도를 품는다

밀물이 몰려왔다
어느새 썰물 되어 밀려나고

등대가 어선을 따라 당도하니
어선은 만선의 희망 깃발이 되어 귀향한다

가슴 깊이 심어주고 떠나간
애틋한 그 사랑도
설움에 찬 몸부림까지도
소리 없이 사라진 쓰라린 흔적

한낮 땡볕에 녹아내린
무른 땅바닥 위 지나간 행인들

마음속 사연들 발자취로 남아
하나둘 창살에 부딪혀 떨어진다

강물은 하염없이 둑을 적시며
흐르는 세월일지라도

오랜 그리움의 덩이
대숲에 일렁거리니
새겨진 모든 지문 가슴에 묻고 살자

당신이 보고픈 날

당신이 보고 싶은 날
중심사 숲길 홀로 거닐며
다정한 속삭임으로
옛 이야기 들려준 그리운 당신은

수국꽃 같은 둥그런 미소
종일 휘날리는 잎 사이로
눈물을 감춘 채 사랑이라는
달콤한 선물이라 부르고 싶다

당신이 보고 싶은 날이면
포근한 어머니 젖가슴 속 같은
강진만 억새 숲 거닐며

철부지 어린아이 웃음소리
사랑이 담긴 천진난만한 모습

밀려오는 회한의 놀이터에서
사무치게 그리워지는 이내 심사
목청까지 차오르는 이름을 부르고 싶다
언니야! 사랑했던 내 언니여!

끝 달 옷 입고서

물밀 듯 밀려오는
시간의 흐름 속
강물 같은 추억을 남기고

붉게 솟아나는 태양처럼
희망 안겨다 줄 불꽃을 기대하며
서산 일몰의 황홀함에 이내 마음 설렌다

매서운 겨울 견디기 위해
우리 함께 따뜻한 온정의 옷 걸치고
사랑이 온도가 높아지면

한해가 다 가기 전
제야의 종소리 더욱 우렁찰 때
남아있는 시간 묵상의 언덕을 넘나들며
후회 없는 묶은 달력을 떼어내며

아~ 그리운 날들을 위한
새날을 맞이할 수 있도록
투영하는 광명함 불끈 솟아 오소서

오색 꽃 하모니

하늘 아래 지상엔 다양한 꽃 핀다
수국 찔레꽃 수선화 진달래 장미
우리는 토착 사랑으로 곱게 핀 오공주

나비가 나풀나풀 날갯짓하듯
묵직함과 빛이 곱고 풍성한 보랏빛 수국
포근함 느끼는 진심을 간직한 꽃의 신비

아픔만큼 성숙한 하얀 찔레꽃
가족에 대한 극진한 헌신은
순수하면서도 생명력 강한 온화하고
그윽한 향기 가득한 천국이 따로 없네

끊임없이 생동감 넘친 화려한 자태
저마다 제 모습에 도취하여
주위를 화사하게 마음까지도 밝게 비추는
노란빛의 고결한 자태의 수선화

꽃샘추위 견디며 산등성이 바위틈
야생화로 이산 저산 양지바른 곳
치맛자락 살랑거리며 곱게 피는 진달래
너의 강인함에 구름도 미소 짓는 꽃이여

감각적이며 섬세한 행복의 사랑 꽃
겹겹이 꽃잎 장수가 피면 필수록
화려하고 은은한 향기 풍기는 연분홍 장미
보기만 하여도 너무 사랑스런 막내딸 같아라

우리 서로 가슴이 뛰는 그 순간까지
영원히 서로 사랑하고 의지하며
오색 빛 찬란한 행복의 여로 걸어가며
서로 그리워하는 꽃길 거닐며 노래 부르자

눈

하얀 나비
활강 바람 타고
사방에 꽃가루 뿌리며
사뿐히 즈려 나빌레라

하얀 드레스 입은 신부
맑고 순수한 사랑으로
순백의 세상 만드는구나

정녕 그대는
이토록 아름다운
면사포 쓴
나의 신부가 되어오는가

또 하루를

새들의 합창 속삭이는 아침
가슴 활짝 열고
그윽한 커피 향에 취하는 시간

핑크빛 설렘 안겨드는 선율
소중한 선물 같은 너의 자태
신비로운 화선지에 펼쳐본다

오늘도 여전히 갈증으로 나에게
낮달처럼 찾아온 그림들
아름답게 창조해야 할 환상의 세계로
웃기도 하고 울기도 하는 코미디 같은 하루

최고의 절창으로 꽃 피운 순간이다
무지갯빛 햇살만으로도
감사하고 행복한 날

언제나 덤으로 묻어가는 여유
영혼의 추억 차근차근 조각하며
깊숙이 마취된 노년의 세월 속에 거닐고 있다

삶의 자국

천상의 별들 이끄는 데로
고뇌의 넋 담긴 그림자의 운무
간이역 기적 소리처럼
비껴간 흔적으로 남길 때

슬픔을 자극하는 영혼의 나래
깊은 강 건너는 나룻배처럼
수평선 너머로 항해하는
쓸쓸한 삶 감내하련다

늦가을 비 갠 들판 풍광
어느새 붉게 물든 낙화 떨구고
가는 세월 아쉬운 뒷모습은 선연하다
어디로 갈까
어떻게 해야 할까

외로운 삶의 진통으로
아름다운 낙엽의 잔치
황혼의 등불 밝혀주며
마음속 깊은 위안이 되기를
두 손 모아 간절하게 빌어봅니다

숲속 쓸쓸한 나무처럼

칠흑 같은 어둠 흔드는
깊고 적막한 밤
스쳐 가는 바람결에
가을 잎새 하나 가던 길 멈춘다

햇살 받은 창가
숲속의 나무들 속삭임
푸르던 잎 작별 인사 나눈 뒤
불쑥 자란 속살 세상밖에 드러낸다

시나브로 살아가는 것은
외롭고 쓸쓸한 나무처럼
고독한 뿌리 언제나 혼자인 것을

가슴 따뜻했던 멀고 먼 추억 속으로
가던 길 잠시 멈춘 가을날의 여유로움
숲속 연가 부르며
꽃길 여행 떠나려 하는가

조국에 꽂힌 온정

화합과 포용은 힘보다 큰 것처럼
그대가 고향 찾아오는
가슴 쓰린 애절한 통한의 소리
하늘도 땅도 붉게 울었네

소중한 목숨 앗아간 천하의 역적
만릿길 멀다 않고 불청객이던 너
이국땅에서 얼마나 두려웠을까

뼛속 깊게 파고드는 두려움
고통과 괴로움 참고 견디며
모국의 품으로 날아왔을까

그대 조국 찾아오는 날
온정의 깃발 휘날리며
이곳저곳 터져 나온 진실
아산 진천에 아름다운 꽃 피운다

절망 끝에서 얼마나 힘들었을까요
어서 오세요, 환영합니다
편안하게 쉬었다 가십시오
우리 함께 이 난간을 지혜롭게 이겨나가요

살아가면서 모든 아름다운 순간들
온정의 섣달 보름날 풍요로운
넉넉한 즐거움 가슴에 품고 가는구려

담양호에서

추월산의 굽이마다 흐르는
아지랑이 덤불 헤치고

꿈같은 초록빛 물결
그리운 님의 그림자
설렘으로 다가오는데

벚꽃이 축하의 꽃비 내리는
소시민들의 쉼터에서

애틋한 전설을 간직한
고구마 모형 애기바위
용마루 길 거닐 때

호반 난간의 연리지 나무 밑으로
철부지 아이들 숨바꼭질하고
백조처럼 유유히 떠도는
오리 떼 보며 함박웃음 털어낸다

호숫가에 화사하게 핀 진달래꽃
한빛 무덤으로 영글어가니
쪽빛 호수는 천년을 눈부시게
마음속 오물 다 털어놓는다

무소유의 수행자처럼
삶의 변곡점을 마주하듯

내 존재감의 여정을 토해내며
치유하는 힐링의 순간
삶의 재충전은 담양호에서

편백나무 숲길* 걸으며

바스락바스락 부서지는 낙엽 밟으며
허허로운 마음 달래기 위해
망각의 숲에 떠나는 나그네
편백나무 푸른 숲 만났네

봄빛 속으로
오고 가는 숱한 사람들 웃음소리
햇살이 가슴 파고드는
헤르만 헤세*의 낭만노트
'봄날의 아름다운 하루'가 떠오른다

날렵한 맵시 피톤치드 품은 편백나무
길동무 없는 시린 겨울 고독 달래며

사방으로 세차게 불어오는 칼바람 견디며
산새 들새가 물어온 세상 이야기 귀 열어둔다

나무 사이 오고 가는 기다림 속
그리 오만하거나 도도하지도 않게
설해목 부서지는 아픔 보듬으며
따뜻한 사랑 은밀하게 속삭이고 있겠지

* 전남 장성군 장성읍 덕진리 산110.
* 독일의 소설가 헤르만 헤세의 작품에서 나온 글.

새해 소망

묵은해 어둠의 장막을 걷어내고
창창하게 떠오르는 태양이여
온 우주는 일월무사조(日月無私照)* 하니
푸른 하늘 문 활짝 열리면

하얀 도화지 위에 펼쳐진
한 해의 장문 찬란하게 열렸습니다

미로를 걷듯
조심스럽게 마음 가다듬으며
때로는 무지개 꿈일 수도 있으며
작은 소망 하나둘 수놓아 가는
향기로운 꽃길일 수도 있습니다

나침판 위로 가볍게 걷지도 말고
쉽게 흔들리지도 말고
새로운 도약을 위한 열정의 도가니
충만한 삶을 연결하는

우리는 꿈의 날개 창공에 펴고
이제부터 선호음 브라보

* 일월무사조(日月無私照) : 해와 달은 모든 사물을 고르게 비춘다는 뜻으로 공평함을 뜻하는 말

새해에도 우리, 이렇게 살자

반평생 꿈을 안고 살아오며
힘내세요 용기 잃지 마세요
아름다워요 감사합니다
이렇게 주고받으며 살아왔어요

가는 정 오는 정 함께
감미로운 말 새기며
솜사탕처럼 부드럽고 포근한
따뜻한 정 쏟으며 살아왔어요

이제 다가올 새해에도
서로 토닥토닥 등 두드려 주며
가슴으로 품어준 비단 같은 마음
당신과 나 행복한 시간
잊지 않고 기억하렵니다

사랑하는 사람아
행복 아주 작습니다
주어진 인생은 아주 짧아요
사시사철 사랑만 주고받으며 살자

그대 그림자 항상 옆에 있고
내가 그대와 함께함을 기억하면서

제5부

까만 눈 크게

translated by Kim Jeongeun; Poet
Choe Hongkyu; Poet, Ph.D.

가을이 참 좋다

참 좋다 가슴 활짝 열어
푸른 하늘 보며 철새 따라가니
짙푸른 하늘빛 궁전이

참 좋다 바스락바스락 낙엽을 밟으며
추억의 오색 물감
여기저기 발라놓은 것들

참 좋다 빛과 바람 느끼며
풍년을 예감한 듯
넓은 들판 보고 있노라니
달구지 소리가 풍년가인 것을

참 좋다 시골 마을 돌담 휘돌아보면
홍시가 주저리주저리 열리고
순분이네 울타리 복 바가지
넝쿨 뒹굴고 있는 것을

참 좋다 이렇게 좋은 가을에
들판과 하늘에 바람의 햇살이
포근하고 넉넉한 것을
참 좋은 가을이다

Autumn Is So Good

So good. Opening my heart widely,
looking at the blue sky,
I follow migratory birds;
there is a dark blue skylight palace

So good. Stepping on fallen leaves rustlingly;
there is colorful paints of memory
painted here and there

So good. Feeling light and wind and
looking at the vast field as if
I am forefeeling good harvest, with
the sound of cart as a good harvest song

So good. As I go around the stone wall of
country village,
there are ripe persimmons hung here and
there,
the fortune gourd of Soonboon's fence:
vine is rolling around

So good. In the nice autumn like this
sunshine of wind on the field and in the sky
are warm and wide
Such nice autumn it is

그리움을 하나 접으며

침묵의 책장 한구석에서
먼지같이 잘 띄지 않아
말없이 꼭꼭 숨은 듯 기다리며
언젠가는 한 번쯤 찾아 주겠지
세월의 흔적 뿌려놓은 그리움

빛바랜 가족사진 한 장
지난날 주마등 스쳐 가듯
별빛같이 반짝이는 얼굴
눈시울 사랑의 결실이었네

따사로운 정
부딪치며 살아온 지난 세월
은하수처럼 헤어진 소중한 가족들
그리움에 가슴 묻고 불러봅니다

새벽 기도드리며
영혼의 말씀 찬양으로 새기고
아름다운 꽃길 걷자던 약속
늘 기도하는 마음으로
그리움 하나씩 접어봅니다

Folding Yearning

In the corner of a silent bookcase,
it's not as clear as dust
as if it's hiding, waiting in silence.
One day, you may come to me
Yearning spread with traces of time

A faded family photo
A starry face
like a phantasmagoric past
it was the fruit of love with tears

Warm affection,
the years we've been through, and precious family
members who were separated like the milky way
I bury them in my heart and call them with yearning

Praying at dawn,
engraving the words of soul by praise
A promise to walk on a beautiful flower path,
always with a praying heart,
I fold yearning one by one

꽃과 사람

꽃은 피어날 때
소리가 없고

인간은 태어날 때
울음을 토한다

꽃은 피고 질 때마다
말없이 피었다가
흔적 없이 사라지지만

우리네 사람은
태어나면서부터
살아가야 할 이유를

나이의 연륜만큼
지혜를 터득하고 있다

A Flower And Man

A flower has no sound
when it blooms;

a man bursts out crying
when he is born

Whenever a flower blooms and falls,
it blooms without a word and
disappears without trace;

we people know very well
from birth
the reason to live

and wisdom
as much as our age

꽃이여

늘 푸른 하늘 시샘하듯
백합 같은 얼굴
사파이어 같은 빛이여

세찬 비바람 견디어 낸
유관순 독립투사 얼굴 같은
겨울 동백 합창하는 내음이여

고통과 기쁨을 나누고
아픔마저 참아낸 인고의 세월
인동초 닮은 예쁜 이야기꽃이여

인생의 황홀함으로
세상의 모든 자연의 섭리 속에
새날을 밝히는 밀알의 꽃이 되소서

Flower!

As if envying the ever–blue sky,
a lily face
and the sapphire–like light!

Like the face of Independence Fighter Yu Gwan–sun
that has withstood the fierce rainstorm
the scent of winter camellias chorus!

The time of perseverance
that shared pain and joy and even endured pain,
a pretty story–flower that resembles a honeysuckle!

In the ecstasy of life
in all providence of nature in the world, please be
a flower of the grain of wheat that brightens a new day

그리움의 7월

하늘을 이고 누워 자던 풀잎
유토피아를 꿈꾸며 너울 펼치니
뜨겁게 이글거리는 땡볕

아무도 녹일 수 없는 열대야
계절의 순수한 열정 같아
7월을 좋아한다

잠든 숲에 시원한 바람
동네 개울가 개구쟁이들
알몸으로 물장구치며

서로 깊은 동심의 우정 남기니
그 순간 행복감
바꿀 수 없는 고향의 추억

태양 아래 사랑 정 머무는
작은 숲 옹달샘 찾아
목마른 입술 촉촉하게 적시니

진초록빛 연가를 부르면
아련한 보고픔이
어머니 품으로 다가간다

Nostalgic July

Grass leaves sleeping with the sky on its back,
as the waves unfold while dreaming of utopia,
the hot sunshine is blazing in heat

Tropical night that no one can melt
is like the pure passion of the season;
that's why I like July

Cool breeze in an asleep forest,
little scamps around the local brook
dabbling naked in water,

leaving a deep friendship of childhood,
the feeling of happiness at the moment:
the irreplaceable memory of hometown

As I find a small spring in the little forest
where love and affection stay below the sun,
moisturize my thirsty lips;

I sing a dark green love song;
the distant sense of yearning
comes to my mother's bosom

나의 꿈길

오솔길 지나 갈대숲으로
숲길 지나 고개 너머에는
천혜의 용산전망대*로

오늘도 내일도 가야 할
새로운 나눔의 길섶에
목련꽃 피고 지는가 하면
흑두루미가 날개를 펴니
세라복의 소녀
춘몽에 지나가는 바람 일고

갯벌에 짱뚱어 뛰고
오리 떼 헤엄치고 백조 나래 치니
바람이 흩날리는
갈대밭 합장 소리가 정겹다
새로운 길 언제나 나의 꿈길
오늘도… 내일도…

오솔길과 갈대 숲길 지나
고개 넘어 용산전망대에서
몽상이 이루어지는 곳

* 용산전망대 : 전남 순천시 해룡면 신하리 소재 순천만 습지의 전망대.

My Dream Path

Through a trail to a reed forest,
past the forest road and over the hill
toward the Yongsan Observatory, a gift of nature

On the wayside of new sharing,
which I must go even today and tomorrow;
magnolia blossoms and falls, and
a black crane spreads wings;
a girl in a sailor suit
Wind passes through the spring dream,

a mudskipper skips on the mud flat,
a flock of ducks swims, and swans flap,
the namaskar sound of windblown reedbed
feels warm and good
A new way, always my dream way
today, and tomorrow…

I pass through the path and reed forest
Over the hill, at the Yongsan Observatory,
a place where dreams come true

* Yongsan Observatory: An observatory at Suncheon Bay Wetland located in Sinhari, Haeryong-myeon, Suncheon-si, Jeollanam-do.

노을이고 싶다

수평선 붉은 태양
하늘 가득 채워
고깃배 만선으로 돌아오고
저물어가는 하루가
매일 반복되어도
변함없는 평온함인가

우리네 삶도
시간의 흐름처럼 쉼 없이
세월 따라 저물어 가는데
끝나는 것은 저 노을같이
누구에게나 있는 것

황홀하고 아름답구나!
보는 이마다 감탄을 연발하는데
나의 삶도 그럴 수 있을까
저물어 가는 노을처럼
어둠이 오기 전에
노을과 어울리고 싶다

I Want to Be The Sunset

The red sun on the horizon
fills the sky,
fishing boats return with a boatful of fish,
even if the dying day
repeats every day,
is this unchanging tranquility?

Even our lives,
like the stream of time,
are passing along the time restlessly
Ending comes to everyone
like the sunset

Dazzling and beautiful!
Every beholder is constantly awed
Can my life be like that too?
Like the dying sunset
before darkness comes
I want to become sunset

달랑 남은 달력 한 장

벽에 걸린 월력도
외롭게 홀로 머문 자리
아름다운 슬픔의 연가 안고 있다

한 장의 눈물샘
한 장의 기쁨인 얼룩
내 품 안에 안아주고 싶다

추억을 필름처럼 간직한
수없는 사연과 흔적 쌓아두고
훌쩍 떠나보낸 아쉬운 시간들

부표 같은 꿈
잡지 못한 안타까움에
마음 졸이며 다가올
넓고 밝은 새 시대를 향해

연둣빛 꼬까옷 단장하고
안겨줄 선물 기다림 속에
기다리며 겸손히 기도하련다

Just A Remaining Page of Calendar

The place where even calendar on the wall
stays lonely alone,
has a beautiful sad love song

A page of tear gland
A page of joy spot
I want to hug them in my arms

The missing times that have passed away,
with countless stories and traces piling
preserving memories like films

A buoyant dream
out of ungrateful grief for not catching it
toward new the times wide and bright
that will come anxiously

Dressing up in light-green cloths
waiting for a gift to get,
I will wait and pray humbly

마음의 옹달샘

내 마음속에는
옹달샘만 한 깊은 샘이 흐른다

두레박으로 마구 퍼내고
또 퍼내도 퍼낸 만큼 깊어지며
부으면 부은 만큼 샘은 채워지고

잠깐 쉬어 멈추면
샘물도 이끼도 숨이 막힐 터
물이 마르지 않는 그날까지

내 마음 안의 깊은 샘
멈추지 않고
계속 흐르고 솟았으면…

Small Spring in My Heart

In my heart
a small, deep spring flows

Though I scoop over and over with a bucket,
it get deeper as much as I scoop and
it is filled as much as it is poured

When it stops to take a break,
both the spring and moss cannot breathe;
Until the day the water doesn't dry out

The deep spring in my heart
I hope it keeps flowing and springing
without pausing…

밤하늘 사색

높고 높은 밤하늘
보석같이 빛난 별
그 아래 당신과 그림자 포개어

한 겹, 두 겹 이룰 때
차마 가질 수 없는
찬란한 별 수놓는다

쏟아질 듯 쏟아질 듯
총총한 별 무리들

세상의 모든 것 생각하니
겹겹들의 하모니

하나, 둘 모여들어
사랑이 영글어 가는 길
그 여정처럼
우리네 세상도 조화롭기를

Contemplation under The Night Sky

High and high night sky
Jeweled twinkle stars
below that, I fold the shadow over you,

in one and two layers,
radiant stars I cannot bear to have,
are embroidered

As if pouring down and down
starry clusters of stars

Thinking about everything of the world,
layers of harmony:

come together one by one;
the road of ripening love,
like a journey,
may our world be in harmony too

빗방울 소리

주룩주룩 떨어지는
빗방울 소리 들을 때마다
애절한 당신의 목소리
가슴에 뜨겁게 퍼져올 때
온종일 촉촉이 내리는 눈물

초가집 처마 밑에 잠기며
냇가에 빗줄기 따라 흐르는
깊은 시름 강물처럼 고요하니
빗속의 여인 우아한 자태
보라색 드레스가 우수에 젖는다

내 몸 안에 슬픔을 나누는
사무치는 소망의 그리움

고향의 늙으신 부모님 목소리
빗소리와 함께 아스라이 들리는
어머니 치마폭에 숨겨진
지순한 사랑 더욱 아파오는데
희로애락 서서히 비와 함께 잊혀간다

The Sound of Raindrops

Whenever I hear the sound
of pouring raindrops
When your mournful voice
resonates ardently in my heart
Moist teardrops falling all day

Sinking below the eaves of a thatched cottage,
dripping along the stream
deep worry is as still as river;
A graceful figure of woman in the rain
her purple dress gets wet with grief

Sharing sadness in my body,
a longing for a heart-wrenching wish

Voice of old parents in hometown,
heard with the sound of rain,
hidden in my mother's skirt,
a gentle love is more painful; joy, sorrow, love,
and happiness slowly fade away with rain

사랑 꽃

태양의 심장을 바라보며
망부석처럼 곧게 서 있는
달걀 모양의 넓은 얼굴

가녀린 몸매의 키다리
살갑게 다가오며
꽃의 미소로 파고드는
지고지순한 정열적 사랑

한곳만을 향한 바라기로
가장자리 굵은 톱니가
서로의 굳은 뜻을 남겨놓고
수과(瘦果)의 열매로 맺어

모진 비바람에도 흔들림 없이
열병을 앓듯
뜨겁게 욕망이 타오르는

내 꽃밭에서 강렬한 열정은
당신의 태양을 향해 속삭이는
향일화(向日花)이란 것을

Love–Flower

An egg–shaped wide face, which is
standing straight as a husband–waiting stone,
looking at the heart of the sun

A tall height in a slender body,
with a friendly approach,
penetrating with a smile of flower,
very noble and pure, passionate love

With a wish toward only one place,
the tick sawteeth on the edge
leave each other's firm intentions,
bearing the fruit of achene

Unwavering in the heavy rain and wind,
as if suffering from a fever
burning with fervent desire,

the ardent passion
in my flower bed is a sunflower
that whispers toward your sun

소녀의 기도

하늘 문이 열리는 새벽
바다와 잔잔한 여운 속에
한 소녀 두 손 모아 기도드립니다
내 눈을 열어 영광 보게 하소서

바람이 머릿결을 스치고
광야에 햇살이 비출 때
한 소녀 무릎 꿇고 기도드립니다
제가 주님 곁에 있게 하소서

주변이 어둠으로 컴컴해지고
전등이 하나씩 켜질 때
한 소녀 고개 숙여 기도드립니다
주님 영광이 떠나지 않게 하소서

A Girl's Prayer

In a twilight when the sky door opens,
in the sea and a calm aftertaste,
one girl prays with both hands together
Open my eyes, and let me see the glory

When the wind touches her hair,
and the sun shines on the field
one girl kneels in a prayer,
let me be next to the Lord

As the surroundings darken, and
the lights turn on one by one
one girl bows in a prayer
may the glory of the Lord stay

쏠비치* 겨울 바다

잿빛으로 물든 하늘
물안개 서린 선창가
는개가 바람 타고
파도와 어울려 슬프게 울어댄다

하얀 포말 휘몰아오는 파도
레일처럼 밀려오는 그리움
암흑 속 헤매다
가슴 다독이듯 고요히 잠드는가

비릿한 바다 내음 맡으며
끝없이 펼쳐지는 파도 위로
보일 듯 말 듯 작은 섬들
바라보는 것만으로 황홀한 여유

세찬 파도에도 변함없는 바다
자연은 우리에게
오늘도 그 자태 그 모습으로 남아
참다운 진리를 가르쳐 준다

* 쏠비치 : 전남 진도군 의신면 소재 대명리조트.

Sol Beach* Winter Sea

Grayish sky,
a foggy wharf
misty rain is downwind and
cries a lot sadly with waves

Stormy waves with white bubbles,
yearning that surges like rail,
wandering in the darkness,
calmly all asleep as patting the heart?

Smelling the fishy sea,
over the endless waves
are seen almost invisible islands,
ecstatic ease just by looking at them

Unwavering sea despite the strong
waves: nature staying in its state
and figure today,
teaches us the truth

* Sol Beach: Daemyung Resort in Uisin-myeon, Jindo-gun, South Jeolla-do

제야의 종소리

흰 구름바다의 너울처럼
하루하루 지나가는데
기쁨도 즐거움도 한순간
잡지도 못하고 담을 수도 없는
세상사 홀연히 떠난다

한 해 동안 소망한 꿈들
하나둘 숨통 옥죄며
첩첩이 겹쳐진 봉우리들
무언의 흔적은 사라지는데

마음속 깊은 샘 묻어둔 희망
차분히 뒤돌아보게 되며
더러는 이루기도 하지만
때로는 미완으로 남기는 아쉬움도

그래도 변함없이 시류(時流)는 흘러
제야의 종소리 울려 퍼지니
고독한 내 마음 내려놓고
내일을 잊을 수 있는
오늘을 살고 있음에 감사할 뿐이다

Watch-Night Bell

Like the waves of white cloud sea,
days pass one by one,
joy and happiness are transient,
I leave the world suddenly,
unable to catch or hold it

The dreams hoped during the year
suffocate me one by one,
peaks overlapping in layers;
a sign of silence disappears,

hope buried in a deep spring in my heart
I look back at them calmly,
some things come true, but
sometimes leaving them unfinished

Still, the current flows still,
and the Watch-night Bell rings;
putting down my lonely heart
I'm just grateful that I'm living
today that can forget tomorrow

찻잔 속의 모과 향

찻잔 속에 님의 얼굴처럼
모락모락 피어오르는 다향
따스한 모과차 한 잔으로
마음을 정화하는
주어진 하루의 삶 시작된다

진한 향 내음 음미하며
추억들 시나브로 펼치니
그윽한 마음속
어느새 쓸쓸함도 채워지고

빈 잔으로 남겨진
그 자리에 미소 짓는
고운 님 만월로 떠오르는 듯
모과 향에 취한 상큼한 오늘

정갈한 찻잔에 긴 여운 남아
우리들의 아름다운 이야기꽃으로
오늘 하루가 마음의 창을 여는
짙은 모과 향으로 꿈을 키운다

The Scent of Quince in A Teacup

Like your face in a teacup,
steaming tea scent
Purifying my mind
with a cup of warm quince tea
a given day of life begins

Savoring the strong flavor,
I unfold memories little by little,
hidden deep inside my heart,
loneliness disappears without knowing

Left in an empty cup,
smiling there
my love, rising like a full moon
refreshing today inebriated by the quince flavor

Long aftertaste remains in the neat teacup
with our beautiful animated chat,
opening the window of mind by today,
I grow my dream with a strong quince flavor

친구야

쪽빛 하늘에 둥근달 떠오르면
구름처럼 다가오는 애틋한 그리움
계절이 흐르는
찬 바람 냉기 느끼며
뜨거운 커피 향에 젖는다, 친구야

세일러복에 웃음꽃 환한
해맑은 얼굴 예쁜 소녀들
흐리고 비 오는 날이면
우산이 되어주자던 너와 나
하얀 목련화 치마폭에 담아
아름다운 꿈 가득 채웠구나

밝은 달 쳐다보니
보고픔 그리움
삶의 기쁨도 시련도
잊지 못한 추억으로 남아
맑은 호수에 비치는 많은 이야기
아름다운 그림으로 간직하자, 친구야

Hey, My Friend

When a full moon rises in the indigo sky,
an ardent longing comes like clouds
Feeling the cold wind and air
of passing seasons
I drench in the smell of hot coffee, My friend

In sailor suits with bright smiles,
pretty girls with bright faces
On a cloudy and rainy day
you and I promised to be umbrellas to each other
We filled beautiful dreams, by
putting a white magnolia in a skirt.

As I look at the bright moon,
longing and yearning
joys and trials of life even
remain as an unforgettable memories;
many stories reflected on a clear lake
Let's cherish it as a beautiful painting, my friend

눈물 꽃

하얀 천사가 빗질하고 간
산기슭 오솔길 따라 걸을 때
가슴속 깊이 파고드는 슬픔
하얀 꽃잎처럼 낙화하고
운무가 흐르듯 그리움은 쌓이는데

풀꽃에 맺힌 영롱한 윤슬로
무지개 피었다 사라지고
개천에 흐르는 물소리
월광곡 음률처럼 귓전에 맴돈다

물안개 속에 묵묵히 거닐며
아름다운 풍광에 도취되어
나뭇잎 갈 곳 잃은 종이학 띄우고
눈물 꽃 추억 하나씩 사라지는데

빈 곳에 홀로 서서
화살처럼 빠른 세월 앞에
지우지 못한 애틋한 사랑 가슴에 안고
구름 위로 날아가고 싶다
그대 이름은 물안개 눈물 꽃인 것을

Tear-Flower

As I walk along the path of the
foot of mountain combed by a white
angel, deep-seated sadness falls like
a white petal, and longing builds
up as clouds and mist flow,

by a shiny ripple on grass flowers
a rainbow rises and fades away,
the sound of water flowing on the stream
lingers in my ears like a moonlight sonata melody

Strolling silently in a wet fog
Intoxicated by the beautiful scenery
I float a lost paper crane on leaf;
tear-flowers of memories disappear one by one,

standing alone in an empty space,
in front of time as fast as an arrow
with an unforgettable, sad love in my heart,
I want to fly above the clouds
Your name is wet fog, a tear-flower

백의 천사여

간밤에 내린 눈 온 세상은 은빛
순백의 드레스에 면사포 쓰고
솜털처럼 부드러운 미소 지으며
설렘 안고 사뿐사뿐 목화 꽃길 따라
화이트 카펫 밟으며 살포시 찾아온 백의 천사여

엄동설한 굳건히 버티며 서 있는 나무들
사랑, 정 쌓아놓고 눈물 흘리며 반겨준
소복한 여인의 사랑을

애틋한 그리움만 가슴에 온기로 담아둔 채
찾아온 하객 없는 한적한 뜰 안채
시린 가슴 부여잡고 눈물만 흘린다

매서운 찬 바람에도 고개 내민 복수초
서러운 눈물 옷깃으로 훔치며
아름다운 세상 보여준 백의 천사여

늘 소중한 보석 선물로 남겨주고
화려한 꽃들의 향연을 위해
아쉬운 이별 앞에
다시 온다는 약속하며 꽃자리 마련해두고
먼 길 떠나는 백의 천사가 그리워지리라

White Dressed Angel

Last night snow covered the earth silvery
The angel wears white dress and veil
Smiles as softly as down
With a leap of heart the white dressed angel
Walks in soft steps along
The road of cotton flower
White dressed angel came
Stealthily treading lightly the white carpet

During the cold winter
Trees take a firm stand
The white dressed angle greeted the winter trees
With love, sentiment, and tears

Affectionate yearning is warm in the heart
In the secluded yard where is no guest
You sheds tears with cold heart

In spite of cold wind pheasant's eyes bloom
The white dressed angel wipe tears with sleeves
And has shown us the beautiful earth

The angel always leaves behind
In valuable jewelry as a gift
For the feast of beautiful flowers
The unwilling farewell promise to come again
Before leaving the angel had made the flower site
We will yearn for the white dressed angel.

춤추는 광대

이카로스의 날개에
휘장 옷 온몸 휘감고
뜨거운 박동으로
쪽찐 머리에 앉은
신들린 무녀 따라
할매는 덩달아 꼽추 춤춘다

꽹과리 징 소리에 어울려
심장의 울림 태초의 염원
비우고 채우고 울고 웃는 숨결
상모 초리 따라 허공 휘들구는
간절한 소망의 몸부림이련가

새로운 색깔로 새 여정 그리는
무대 위 조명에 각시탈 쓰고
마음의 서정 한 겹씩 쌓여지는
거울 앞에 비친 내 모습이
오롯이 한 길만 가는 광대인가

냉가슴 쓰다듬고
시련을 극복하는 희망 찾아
예술의 빛고을 별무리 따라가련다

Dancing Clown

With the wings of Icarus
with the whole body wrapped in drapes
with a hot beat
hair in a bun
sits a possessed shaman and alongside her
grandma dances the hunchback–dance

with the sound of a gong
resonating heart, the yearning of the beginning
breath that empties, fills, cries and laughs.
Swinging in the air along the top of a sangmo,
is it struggle of an earnest wish?

Drawing a new journey in a new color
wearing a bridal mask in the limelight
lyrical heart layering on
my reflection in front of the mirror;
is it a clown that took only one path?

caressing hidden agony
in search of hope that overcomes hardship,
I will follow the star cluster, the light–town of art.

외적 사물과 내적 관념의 컨센서스(consensus)

— 문정숙 시집 『수선되어 가는 삶』 평설

우종상(시인, 문학평론가, 문학박사)

1. 들머리

시(詩)는 흔히 시인의 개인적 체험을 언어를 통하여 표현한 글이라고 한다. 다시 말하면 시인의 내면적 고백이라고 할 수 있다. 여기서 말하는 내면이란 인간이 살아가면서 겪게 되는 수많은 문제들과 관련된 감정, 정서, 욕망을 의미한다고 할 것이다. 그래서 시는 가장 직접적으로 인간의 마음을 표현한 것이라고 한다.

조선조 '월상계택(月象谿澤)'이라 하여 월사(月沙) 이정구, 상촌(象村) 신흠, 택당(澤堂) 이식과 함께 한문 4대가로 평가받는 계곡(谿谷) 장유(張維,1587-1638)는 실학자로 〈천기론(天機論)〉에서 시(詩)를 다음과 같이 정의 하였다.

> "시(詩)는 천기(天機)이다. 소리로 울리고 색깔과 윤기(色澤)로 빛나니 그 청탁(淸濁)과 아속(雅俗)이 자연에서 나온다. 소리와 색깔과 윤기는 사람이 만들 수 있지만 천기의 오묘함은 사람이 만들어 낼 수 없다. 왜 그런가? 참됨이 없기 때문이다. '참'이란 무엇인가? 천기(天

機)를 말하는 것이 아니겠는가?"

— 장유 〈석주집 서(石洲集 序)〉

장유(張維)의 지론(持論)에 의하면 천기는 하늘의 기운이며, 자연의 기운이다. 그렇기에 그는 이런 천기를 타고난 시라야 참 시라는 것이며, 이런 노래라야 자연을 움직이고 귀신을 통한다고 하였다. 장유는 사람들은 시의 말만으로 시를 볼 뿐, 시인의 사람됨으로 시를 볼 줄 모른다고도 하였는데, 마음의 본바탕을 천리나 천기로 보며 그 작용을 정(情)으로 본 것은 장자(莊子)에 가깝다고 할 것이다. 결국 시(詩)가 무엇이라는 물음에 대한 답은 시의 본바탕이 '참'임을 뜻한다고 할 수 있지 않겠는가?

조선 초기 학자인 김시습(金時習)은 『매월당집(梅月堂集)』에서 글의 본성이 참임을 다음과 같이 역설하였는데 장유의 소론(所論)과 맥을 같이 한다고 할 것이다.

"무릇 글을 짓는 데는 많은 말로써 헛되게 꾸미지 말 것이요, 다만 실재가 있는 말로 잘 펴서 엮어 첫머리에서 끝까지 연관하여 한 구절 한 구절과 한자 한자가 정성과 간곡함이 밖으로 퍼져 나오게 된 뒤에야 인심이 감동되어 끌려 올 것입니다."

— 김시습 『매월당집(梅月堂集)』

김시습도 장유의 견해와 같이 글의 열매는 실(實)이며 가득 참이며 참(眞)이라는 견해를 보인다고 할 수 있을 것이다. 결국 위의 견해를 유추하여 보면, 문정숙 시인의 시들은 순진무구(純眞無垢)한 그의 올곧은 심성에 바탕을 둔 '참'된 마음의 열매들이 그의 시에 산출된 결과의 산물이 아닐까 여겨진다.

문정숙 시인의 시집 『수선되어 가는 삶』에는 1부 '쏟아지는 별빛' 18편, 2부 '멈춘 생각 하나가' 17편, 3부 '그리움에 젖어' 18편, 4부 '발자국 남기며' 18편, 5부 '까만 눈 크게' 20편 등 도합 91편의 시들이 오롯이 자리하고 있다. 그의 시들은 여성시가 갖는 정감어린 시들과 순수한 내면의 소리가 가식이 없이 표출된 아름다운 시어의 시로 현대시에서 여성시가 갖는 시의 특성을 발견할 수 있다는 것에 공감을 얻을 수 있을 것이라고 생각한다.

전 91편의 시들은 적게는 고향의 소소한 일로부터 자연친화적인 여행지에서의 느낌과 부모님에 대한 애틋한 소회와 사랑하는 사람에 대한 각별한 애정과 계절의 변화에서 느낄 수 있는 감회와 자연애와 나아가 동족상잔의 한국전쟁과 광주민주화운동에 관계되는 시 등 다양하고 다각적인 시상들이 시인 특유의 섬세한 시선과 세련되고 단아(端雅)한 시어로 육화(肉化)가 되었기에 우리는 그의 시를 읽는 감동과 재미를 공감대로 충분히 향유(享有)할 수 있을 것이다.

그리고 문정숙 시인은 중 · 고등학교에서 38년간 교사로 봉직을 하였으며, 월간 문학세계로 등단하였다는 것을 그의 프로필(profile)에서 유추할 수 있다.

> 석양도 좋은 구름을 만나야 붉은 노을이 곱게 빛나 보이듯 사람도 누구를 만나느냐에 따라 미래가 바뀌니 좋은 사람 만나 감사와 사랑으로 내가 행복하고 남에게도 기쁨을 주는 삶을 이상으로 생각하며 52년 쉼 없이 함께 걸어왔습니다.
>
> 좋은 일 힘든 일도 있었지만 인생의 참된 즐거움도 역경과 고난을 겪고 난 후 비로소 뒤늦게 깨달아 알게 되듯이 이제야 어렴풋이 인생이 무엇인지 알 것 같습니다.

위의 글은 그의 자서문(自序文)이다. 좋은 사람들을

만나 행복한 삶을 살았노라는 그의 술회와 인생의 깊은 의미도 성찰하게 되었다는 담담한 고백에서 그의 시작의 단초(端初)를 발견할 수도 있지 않을까 생각한다.

인연(因緣)이란 사람과 사람 사이의 연분 또는 사람이 상황이나 일, 사물과 맺어지는 관계를 말한다. 인생은 만남이라고 한다. 인생에서 삶은 인연(因緣)에 의한 만남과 헤어짐의 연속이며, 세상을 살면서 많은 인연을 마주하게 된다. 이런 인연의 수많은 과정에서 시인은 삶의 진실을 발견할 수 있게 되지 않았을까? '옷깃만 스쳐도 인연'이란 말과 같이 작은 만남의 인연을 소중하게 여기고 보다 큰 인연인 보리(菩提)라는 깨달음의 도로 승화시켜 성취한다면 그보다 더 큰 인연은 없을 것이며 나름대로 값진 인생을 살았다고 할 것이다.

문정숙 시인의『수선되어 가는 삶』이라는 그의 시집명은 다양하고 많은 뜻을 내포한다고 짐작된다. 수선(修繕)이란 고장이 났거나 낡은 물건을 손보아 고친다는 사전적 의미를 가지는데, 그의 삶이 수선(repair)되어 간다는 현재진행형의 의미는 함축적인 다양한 뜻을 내포하고 있다고 할 것이다. 그가 시인으로서의 시작업도 그렇겠지만, 그는 결코 현실에 안주하거나 현실과 타협하지 않고 부단히 노력하는 인성을 소유하고 있다는 것도 쉽게 유추할 수 있을 것이다. 미국의 임상심리학자 매슬로우(A. H. Maslow)가 자신의 임상경험을 바탕으로 인간의 내부에 잠재하고 있는 욕구(慾求)는 가장 기초적인 생리적 욕구에서부터 최종적인 자아실현의 욕구라고 하였는데, 그는 자아실현이라는 뚜렷한 목표를 가지고 항상 매사 성실한 자기의 삶을 살고 있다는 것을 짐작할 수도 있지 않을까 생각한다.

공자(孔子)의 언행(言行)을 중심으로 하여 제자(弟子)들이 21편으로 편찬한 『논어(論語)』「학이(學而)」 모두(冒頭)에 "子曰 學而時習之 不亦說乎(공자께서 말씀하셨다. 배우고서 때때로 그것을 익히면 또한 기쁘지 아니한가)"라는 말에서 알 수 있듯이 문정숙 시인은 시에 대한 각별한 애정과 끊임없는 배움에 대한 열정으로 자기의 문학관을 재정립한 시인으로 생각할 수 있다.

장자(莊子)의 「양생주(養生主)」에 다음과 같은 구절이 보인다. "吾生也는 有涯하나 而知也는 無涯라(우리의 생명은 한계가 있지만 지식은 한계가 없다)" 장자의 상기 견해도 결국 공자의 견해와 같이 인생은 끊임없는 배움의 길이라는 것에 이견은 없을 것이며, 문정숙 시인의 치열한 삶도 결국 끊임없이 수선되어 가는 배움의 삶이었다는 것과 그 궤적을 누구라도 공유할 수 있을 것이라는 견해에 수긍할 수 있을 것이다. 그의 아호(雅號)도 수선이라고 하니 수선과는 필연적인 인과관계를 문정숙 시인에게서 발견할 수 있음은 우연의 일치일까?

2. 몸말.

문학(文學)이란 용어가 동양에서 처음 보이는 곳은 공자(孔子)의 『논어(論語)』 선진편(先進篇)의 '政事 冉有 季路 文學 子游 子夏(정사(政事)에는 염유(冉有), 계로(季路)가, 문학(文學)에는 자유(子游), 자하(子夏)가 뛰어났다)'이고, 주자(朱子)는 이것을 '文學 是學于 詩書禮樂之文 而能言其意者'라고 註하였다.

시(詩)라는 용어가 처음 보이는 문헌은 사서삼경(四書三經) 중 『시경(詩經)』이다. 시경은 춘추시대(春秋時代)

주(周)의 민요(民謠)를 중심으로 한 중국 최고(最古)의 시집(詩集)이며 305편의 시가 전하는데, 『시경(詩經)』 중 「대아(大雅)」의 끝부분에 보이는 권아(卷阿)는 천자(天子)에게 조회 온 제후(諸侯)들을 위해 부른 노래로, 시에 대한 구절이 최초로 보인다.

> "君子之車 旣庶且多 君子之馬 旣閑且馳 矢詩不多 維以遂歌
> (그대의 수레는 어찌 그리 많으며, 그대의 말들도 길이 들어 잘 달리네. 읊은 시가 많지 않으나, 노래를 지어 부른다네.)

문학(文學)을 흔히 인간의 종합적인 표현이라고 할 수 있을 것이라고 말한다. 그 중 시문학은 언어 예술인 동시에 문학의 장르(genre)에서 가장 오랜 역사를 가진 양식이다. 이것으로 미루어 시인이 시에서 사용한 시어를 통해 시인의 사상과 정서를 탐구할 수 있지 않을까 생각한다.

흔히 시를 내용상으로 시인 자신의 주관적인 체험, 특히 심리적 미의식과 결부된 감정의 앙양 상태를 표백한 서정시(抒情詩)와 한 사람의 이야기꾼이 등장하여 일정한 사건을 객관적으로 서술하는 서사시(敍事詩)와 극의 형식을 따오거나 극적인 수법을 사용하여 표현한 시인 극시(劇詩)로 분류한다.

그리고 언어예술인 시문학을 정의한다면 시는 언어로 구성되어 있고, 거기에 운율이 첨가되어 음악성을 가지며, 작가의 고유한 개인적 상상력과 감정이나 생각을 표현하고 있는 문학이라는 점을 익히 알 수 있게 된다.

문정숙 시인의 시편들은 대체로 서사적인 시들보다는 시인 자신의 개인적인 정서와 사상의 표현을 치밀한 시적 구성으로 노래한 서정적인 시들이 주류를 이루고 있다고 할 것이다.

2021년 10월 8일 《TV 조선》 〈뉴스 9〉에 외국인들이 가장 좋아하는 우리말을 소개하였다. 첫째가 사랑, 둘째가 안녕, 셋째가 아름답다, 넷째가 별이었다. 문정숙 시인의 시들도 예외는 아니었다. 시인의 아름다운 시들에서도 대체로 위와 같은 시어들이 많이 나온다는 것은 동서양을 막론하고 대체로 선호하는 어휘들은 수학적 용어로 교집합과 같다고 할 것이다.

그의 시를 지배하는 모티프(motif)는 그리움과 연민(憐憫)이 될 것이라고 생각한다. 가슴 두근거리는 아련한 그리움과 사랑하는 대상에 대한 간곡한 정감들은 우리 모두가 가질 수 있는 원형적 심상으로 시의 기저(基底) 곳곳에서 느낄 수 있음은 여성들이 가질 수 있는 공통적인 정서이며 깊이 있는 시를 구성하는 중요 요소가 될 수 있을 것이다.

외적인 시적 대상과 내적인 관념과의 조화가 이루어내는 시상의 오묘함은 시적 연륜의 깊이가 가져다주는 당연한 귀결이며, 공허한 사상이 아닌 기승전결(起承轉結)의 아귀가 맞는 절묘한 시적 배치라고 생각한다.

1부 '쏟아지는 별빛'에 보이는 18편의 시들은 자연에 대한 깊은 사랑과 계절의 서정에서 느끼는 시인 특유의 개성적 관점이 돋보였다.

봄빛 속에 기지개 켜고/ 눈망울 터트린/ 매화꽃 웃는 얼굴 내밀면// 오색 무지개 언덕길 따라/ 꽃망울 터트린 산수유 화원// 보고 싶고 그리워지는/ 꽃향기 모락모락 풍기는 거리/ 홍매화 수줍게 고개 들어/ 서로 기대며 언덕 위에 춤출 때// 잔잔히 흐르는 섬진강 물소리/ 살랑살랑 불어오는 봄바람// 봄이 오는 길목은/ 여인의 가슴 설렘으로 물들 때/ 만개한 매화마을 거닐고 싶다// 붉은 홍매화 전율로 고백하듯/ 무너지지 않은 삶의 무게/ 향기로 피어나는 춘몽의 꽃길/ 따스한 마음으로 봄 마중 가네

—「봄이 오는 소리」 전문

위의 시는 작가의 섬세하고 다정다감하며 서정적인 어휘에서 여성적 시의 전형(典型)을 보이고 있다고 하겠다. 시적 언어의 특성이 갖는 개별성에서 평범한 시어라도 독자에게 특별한 감흥을 불러일으키는 특성이 있다고 볼 때, 위의 시에서 정서의 환기성을 엿볼 수 있을 것이다.

감각적 이미지로 봄이라는 계절적 특성을 시화하여 봄이 주는 정서의 화사하며 따스한 느낌에서 봄이 주는 특화된 서정의 세계를 잘 묘사하고 있지 않는가 한다.

마음속에 구체적으로 떠오르는 감각적 영상을 심상(心象)이라고 할 때, 시에서 말하는 심상은 의식 속에 떠오르는 감각적 지각의 대상 그 자체가 아니라 그런 대상을 환기시키는 언어를 말한다. 그래서 감각적 체험과 관계가 있는 모든 시어들은 시에서 일단 심상이 될 수 있을 것이다. 그리고 그 심상들은 우리의 감각적 심상과 불가분의 관계를 설정하는 상상력에 호소하는 것이 아닐까 한다. 결국 심상은 감각 기관을 통하여 받아들인 어떤 사물의 모양이나 빛깔과 소리나 냄새와 맛이나 촉감과 같은 감각들의 인상을 상상이나 기억으로 떠올린 것이 될 것이다.

봄빛 속에 기지개 켜고/ 눈망울 터트린/ 매화꽃 웃는 얼굴 내밀면// 오색 무지개 언덕길 따라/ 꽃망울 터트린 산수유 화원

위의 시 1연과 2연은 마치 한 폭의 정제(精製)된 동양화를 보는 느낌을 쉽게 떠올리게 된다. '봄빛 속에 기지

개 켜고/ 눈망울 터트린/ 매화꽃 웃는 얼굴 내밀면'에서 선명한 이미지를 느낄 수 있을 것이다. 비유법 중에서도 활유법을 구체적으로 적용하여 생동감 있는 봄의 서경을 노래하고 있다. 남도의 봄은 오색의 물결이라고 볼 때, 산수유와 매화꽃이 바로 봄의 전령사가 아니겠는가?

시인의 봄은 마치 소녀의 꿈과 같이 화려하지만, 수수하며 난잡하지 않고 정숙하다고 할 것이다. '나이는 숫자에 불과하다'는 말과 같이 항상 꿈 많은 소녀의 청순함을 간직하고 오색 무지개의 언덕길 따라 꽃망울 터트린 산수유 화원의 봄이 오는 길목을 가슴 설렘으로 거닐고 싶지 않겠는가?

심상(心象)의 기능이 표현의 구체성을 높인다고 볼 때, 위의 시와 같이 감각적 인상을 불러일으켜 추상적 관념을 구체적으로 형상화함으로써 사물을 보다 생생하게 전달하며, 사물의 인상과 영상을 더욱 뚜렷이 전달하는 기능을 한다는 것을 위의 시에서 잘 알 수 있을 것이다.

문정숙 시인은 마음으로 봄이 오는 소리를 듣고 있기에 대춘(待春)의 기쁨을 묘사와 비유로 표현하고 있지 않겠는가? 광양 섬진강 매화마을의 섬진강 물소리와 살랑살랑 불어오는 봄바람에서 봄이 오는 길잡이를 하고 싶다는 시인의 바라기는 우리 모두가 꿈꾸는 봄이 주는 희망의 심포니(symphony)가 아닐까?

계절의 서정을 가슴으로 느끼며 나지막하게 노래한 시는 다음의 시가 아닐까 한다.

강 포구에 내려앉는 햇살/ 바람이 끌어주는 발길 따라/ 은빛 물결 숨죽인 듯 고요히 흐르고/ 뭉게구름 품어주는/ 마음 속 푸른 그리움 새긴 섬진강// 강 건너 평사리 마을의 흔적/ 『토지』의 배경 된 최참판댁 넓은 들녘/ 일상의 삶 속에 녹여낸/ 마음이 욕망으로 일그러졌던/ 소박한 농민의 눈빛 머물던 곳// 천혜의 모래톱 밭/ 진줏빛 속살 품은 강조개/ 신음 소리조차 노래가 되는구나/ 연둣빛 사무친 그리움을 않은 채

—「섬진강 강조개」 일부

달빛이나 햇빛에 비치어 반짝이는 잔물결을 '윤슬'이라고 한다. 윤슬의 아름다움이야 노래가사나 시의 구절에 자주 차용(借用)되는 어휘이다. 섬진강 포구에 내려앉는 햇살과 바람에 일렁이는 은빛 물결 고요히 흐르고 뭉게구름 떠있는 섬진강은 시인이 갖는 그리움의 대상이 아닐까?

섬진강 건너 하동 평사리는 바로 대하소설 『토지』의 배경으로 최참판댁 소슬대문이 우뚝 솟아 넓은 들녘을 품고 고즈넉이 자리하고 있다. 섬진강 모래톱에는 진줏빛 속살 품은 강조개가 물결에 신음소리를 내지만, 연둣빛 그리움을 간직하고 흐르고 있다.

서경의 아름다운 모습을 화폭에 담듯 시인은 섬진강변을 시적으로 미화하여 독자에게 상상의 날개를 달게 하여 준다.

이와 같이 시각적인 감각 현상을 바탕으로 형성되는 심상을 시각적 심상이라고 말한다. 시각적 심상은 독자들의 심리적 체험 속에 회화적 인상을 부각시키고 시 전체의 특징을 시각적으로 통일시키는 효과를 가진다고 하겠다.

담담한 어조로 마치 읊조리듯 파노라마(panorama) 수법으로 시적 전개를 하는 시인의 의도는 바로 감각의 공유를 통하여 독자들을 역동적 심상이 아닌 정지적 심상으로 시적 기능을 극대화하려는 시인의 계산된 의도가 아닐까 생각한다.

시에서 하동 평사리의 최참판댁이 차용(借用)된 것은 서경의 효과이기도 하지만, 한국적 한(恨)의 역사를 다룬 박경리 문학의 위대성이야 말하여 무엇하겠는가마는 역사와 개개인

의 운명이 만나 빚어내는 구한말부터 해방까지 민초(民草)들의 가슴에 억눌린 한(恨)의 역사를 총체적 시각으로 묘파한 『토지』야말로 우리 민족의 고난과 역경의 세월을 형상화한 서사시라는 것에 크나큰 의미를 두어야 하지 않을까 한다.

대하소설 『토지』의 대미에서 "외치고, 외치며, 춤을 추고, 두 팔을 번쩍번쩍 쳐들며, 눈물을 흘리다가는 소리내어 웃고, 푸른 하늘에는 실구름이 지나가고 있었다."로 끝남은 해방 정국의 기쁨을 구체화시킨 것이 아닐까 한다.

봄을 맞는 희망에 부푼 기쁨을 시인은 자연물에 의탁하여 시적 기교로 재구성하였다는 것은 바로 시인의 시적 표현 능력의 뛰어나다는 증좌(證左)가 될 것이며, 시에서 감정을 객관화하거나 감정을 표현하기 위한 공식 역할을 하는 대상물을 우리는 '객관적 상관물(objective correlative)'이라고 한다. 다시 말하면 시에서 구체적인 사물을 통하여 간접적으로 정서를 환기시키는 역할을 하는 것이 될 것이다.

> 요원(燎原)한 봄날/ 내 마음의 욕망이 아스라이/ 햇살 무늬로 빛난다// 심술쟁이 꽃샘바람/ 당신이 남긴 향기로/ 끝없이 펼쳐진 길섶마다/ 변함없는 꽃망울 살며시 눈뜬다// 마음에서 마음으로/ 그림 바다 숲 어우러진/ 심연에 맑은 물소리/ 고요한 울림을 고백한다// 물오른 사춘기 나무처럼/ 풀잎들 기지개 켜는 소리/ 따스한 봄날 꽃 물든 자목련의 고독/ 짧은 이별이 다가올 줄 누가 알리// 고요한 생명의 숨소리/ 내 안을 깨우는 어느 봄날/ 천지간에 꽃 피울 그날 기다리련다
>
> —「어느 봄날에」 전문

겨우내 움츠렸던 가슴에도 따스한 훈풍이 불어 향기로운 봄내음이 피어나는 싱그러운 봄날은 모두에게 희망과 생동하는 기운을 느끼게 한다.

만물이 약동하는 대지의 생명력에서 우리는 생의 의지를 다시 재점화할 수 있는 가슴 설레는 계절이 바로 봄이 아니겠는가?

그렇기에 시에서 동서고금(東西古今)을 막론하고 주요 소재로 차용된 것이 바로 봄이 아닐까 한다. '요원(燎原)한 봄날'을 맞는 시인의 소회는 유별리 애틋한 정감이 느껴진다고 하겠다. '불타는 벌판'이 바로 요원(燎原)한 봄날의 서경적 묘사가 아닐까? 모든 생명체가 얼었던 땅을 헤집고 형형색색으로 꽃단장하는 모습은 바로 봄날에만 느낄 수 있는 자연의 오묘(奧妙)한 법칙이 아니겠는가 생각한다. 물론 봄을 시샘하는 꽃샘바람에 꽃망울이 부풀어 오르고 맑은 물소리는 고요한 울림으로 마음에 울려 퍼지는 봄날의 서경에서 느끼는 서정은 수묵담채화보다 더 맑고 투명한 수채화적 아름다움을 느낄 수 있을 것이다.

문학의 장르적 특성은 대체로 서정성, 서사성, 희곡성, 교훈성 등으로 나누며, 서정성을 특성으로 하는 것은 시를 중심으로 하는 서정문학이며, 서사성을 특성으로 하는 것은 서사 문학으로 소설이 해당되며, 희곡성을 특성으로 하는 문학 장르는 희곡 문학이며, 교훈성을 특성으로 하는 문학 장르는 교술 문학이 된다고 규정할 수 있을 것이며 조선시대 가사 문학이나 현대의 수필이 여기에 해당된다고 볼 수 있다.

다음의 시는 독일의 시인 라이너 마리아 릴케(Rainer Maria Rilke)의 「어느 봄날에선가 꿈에선가」인데, 그는 시를 그 자체로서 존중하려는 하나의 주장으로서 스스로를 나타내고 있다고 한다. 아마도 정서적 공통점은 문정숙 시인의

「어느 봄날에」와 그 궤(軌)를 같이 한다고 할 수 있을 것이다.

어느 봄날에선가 꿈에선가/ 언제였든가 너를 본 적이 있다./ 지금. 이 가을날을 우리들은 함께 걷고 있다./ 그리고 너는 나의 손을 쥐고 흐느끼고 있다.// 흘러가는 구름을 우는가?/ 핏빛처럼 붉은 나뭇잎 때문인가? 그렇지 않으리./ 언제였든가 한번은, 네가 행복(幸福)하였기 때문이리라./ 어느 봄날에선가 꿈에선가….

―「어느 봄날에선가 꿈에선가」 전문

그 외에도 봄을 맞는 기쁨을 시화한 것으로 '핑크빛 꽃길 그리는 새싹들의 목마른 기다림의 여정'이라고 노래한 「새벽 비」와 '설한 속 꿈을 키워 온 동백아가씨 가슴 저리도록 뜨거운 정열 그 입술 참으로 곱다'라고 서술한 「동백꽃 그림자」와 '하루하루 새롭게 단장한 색동옷 갈아입고 화려한 무대 위 조명 받으며 꽃들 앞다투어 합창하는 계절의 주인공이 된다'고 봄의 수채화와 같은 화려함을 그린 「봄의 엔딩」과 홍매화의 처연한 아름다운 모습을 시각화한 「홍매화」와 같은 시들은 각각의 모습으로 시적 형상화되어 언어의 향기를 내뿜고 있다고 할 것이다.

2부 '멈춘 생각 하나가'에는 17편의 시들이 오롯이 자리하고 있으며, 꽃이나 비와 같은 자연물과 할머니와 어머니에 대한 간절한 그리움과 목포 서산동에 얽힌 어린 시절의 추억과 순천만의 목가적 풍경과 쑥섬에 대한 시인의 관심과 사랑과 기미독립운동의 의미를 시화한 다양한 시편들이 두드러지게 눈에 띄었다.

허공의 하늘 가득 채운 우주를 바라보니/ 성찰의 혼으로 깨달은 삶/ 무겁게 내려앉은 현실의 벽/ 먹구름이 지나면 언젠가는/ 과거로 회귀될 어머니의 하얀 추억// 오늘도 어머니는 해 기우는 창가에서/ 회한의 강 건너가네// 뒷동산 언덕에 날개 접고 앉은 영혼/ 그리움에 억장 무너진 하루// 평생 자식 걱정 가정 살림 꾸려가며/ 빈틈없는 당신 모습 거룩하여라/ 일흔 넘은 딸 열두 살 철부지라고/ 어머니 머릿속 시계는 고장이었는가요// 하늘이 무너진 슬픔의 날개 이 못난 자식은/ 눈물 바람 서러운 가슴 달래는구나// 빛바랜 사진처럼 희미해진/ 당신의 추억은 지금 어디쯤 향해 가고 있을까/ 내 어머니 손 잡고 봄나들이 가듯// 영원히 잊지 못할 기억의 저편에서/ 오래도록 주홍글씨처럼 새기렵니다

—「어머니의 하얀 추억」 전문

시인에게 어머니라는 존재는 어떤 의미를 가질까? 아마 영원히 잊을 수 없으며, 피안의 세계와 현실의 세계를 지배하는 생각의 울타리가 되지 않을까? 그런 생각의 카테고리(category) 속에서 시인은 어머니와 인식과 교감의 폭을 넓히고 있다고 유추할 수도 있을 것이다.

출전이 공자가어(孔子家語)인 "樹欲靜而風不止 子欲養而親不待(나무는 조용하고 싶지만 바람이 그치지 않는다. 자식은 부모를 봉양하고자하나 부모는 기다려주지 않는다)"는 풍수지탄(風樹之嘆)을 거론할 때 자주 인용되는 구절이다.

시인이 어머니에 대한 '하얀 추억'에 가슴 아파함은 그의 어머니에 대한 사랑의 깊이와 폭과 넓이가 어떠하였다는 것을 증명하여 주지 않겠는가? 어머니에 대한 간절하며 억장 무너지는 그리움은 하루의 해가 저물어가는 창가에서 회한(悔恨)으로 다가와 고쳐 못할 효(孝)로 서러운 가슴을 달래지 않을까 한다.

어머니에 대한 더없는 시인의 사랑은 결코 잊을 수 없

으며, 시간의 벽을 허물어 어제나 오늘이나 앞으로도 영원히 지속될 것이다.

시인에게 그리움의 절대적 대상인 어머니라는 우주보다 더 광활한 존재를 생각하면 할수록 미국의 소설가 나다니엘 호손의 주홍글씨(The Scarlet Letter)와 같이 더하지 못한 죄스러운 효성(孝誠)을 생각하게 된다.

문정숙 시인의 시들은 대체로 시적 긴장미가 보이지 않고 누구나 이해할 수 있으며, 공감할 수 있는 시어들로 쓰여졌기에 기교적인 시들은 아니라고 느낄 수 있을 것이다. 시에서 긴장(tension)이란 미국의 신비평가 앨런 테이트(Allen Tate)가 처음 사용한 용어로, 바깥을 향하는 지시적 의미와 작품 내부로 향하는 비유적 의미가 작품의 안팎으로 당기는 힘을 말한다고 생각할 수 있다.

> 다양한 생물을 품에 안은/ 갯벌 위로 번지는 낙조의 빛/ 에메랄드빛 같은 한 폭의 수채화// 선연히 물들이는 붉은 저녁놀/ 갈대숲 피리 불며 춤추는 무대 위/ 스잔한 칼바람 불어오니/ 삶의 쓸쓸함과 깊은 고독을 느낀다// (중략)// 갯벌 포구가 환기 무진기행/ 그림 같은 초가와 황토마당/ 어머니 따뜻한 사랑을 꺼내 보며// 김승옥 작가의 아스라한 추억과 함께/ 목울음 울어대는 바람 소리 따라간
>
> —「순천만」 일부

창녕 우포늪과 창원 주남저수지와 순천 갈대밭은 계절에 따라 누구나 가고 싶은 절경 중의 절경이 아니겠는가? 특히 깊어가는 가을날, 갈바람을 맞으며 마치 춤을 추듯이 일렁이는 하얀 갈대의 속삭임에 귀를 기울이면 성당(盛唐)의 시인 이백(李白)이 자연에 묻혀 사는 즐거움을 노래한 소박하면서도 도가적인 풍류가 스며 있는

칠언절구의 시인 「산중문답(山中問答)」에서 절창한 '別有天地非人間(다른 세상에 있고 인간 세상이 아니라)'이 바로 순천만의 절경(絕景)이 아닐까 생각한다.

문정숙 시인의 시적 표현 기교의 완숙미를 엿보게 되는 시가 바로 위의 시 「순천만」이 될 것이라고 할 수 있다. 시는 묘사와 진술로 표현된다고 할 때 특히 비유와 상징의 기법으로 표현된 시인이 위의 시에서 사용한 묘사(描寫)는 예술 작품에 있어서 어떤 대상을 객관적이고 구체적으로 표현하여 옮기는 시적 방법인데 이것이야말로 시의 시다운 맛을 느끼게 해 줄 것이 아니겠는가?

갯벌은 많은 생명체의 보고라고 일컬어진다. 시인에게 있어 순천만은 많은 생명체의 서식 공간이며 시인에게는 바로 문학적 영감을 얻을 수 있는 최적의 공간이 된다는 것을 인지할 수 있을 것이며, 특히 남도 사람이면 누구나 좋아하는 소설가 김승옥의 단편소설 제목 「무진기행」에 인용된 무진(霧津)이라는 도시는, 작가의 고향인 전남 순천을 모델로 하여 설정된 가상의 도시로 소설 제목에 인용된 무진(霧津)이라는 도시는 실재하지 않는다. 김승옥의 탁월한 단편소설로 인하여 「안개」라는 영화로도 개봉되어 많은 사람들에게 인기를 얻었다고 생각한다. 주인공 윤희중이라는 한 개인이 귀향과 탈향의 과정을 통해 문명화된 사회에서 개인의 자발성, 주체성, 창의성은 버려질 수밖에 없음을 보여주며, 누구라도 윤희중과 같이 현대 사회에서는 소외된 단독자의 삶을 살 수밖에 없음을 느끼게 되는 문제작이 바로 김승옥의 「무진기행」이 아닐까 생각한다.

3부의 「김승옥 문학관을 찾아」의 마지막 연에서 시인은 "떠나고 남긴 회자정리의 인 법속에서/ 당신의 진귀한 유품은 제 몫을 다하듯/ 거친 부드러움이 숨 쉬는 걸

잊고/ 푸른 하늘 맑고 깊어만 갑니다"라고 하여 김승옥 문학이 후학에게 남긴 아름다운 유산을 회고하고 있음은 시인도 김승옥 작가의 문학적 계승자라는 것을 은연중 암시하고 있다고 할 것이다.

위의 시에서 '거친 부드러움'이란 구절은 시에서 많이 쓰이는 모순 형용(oxymoron)으로 양립될 수 없는 말을 서로 짜맞추는 표현 기법으로 기발하고 독단적인 수사 형태라고 본다.

3부 '그리움에 젖어'에는 18편의 시들이 자리하고 있다. 「그리움은 먼 곳에」, 「다시 찾아온 널 붙잡고」와 「회상」과 같은 그리움을 노래한 시들과 「목련꽃 닮은 내 어머니」와 같이 어머니에 대한 끝없는 사모의 정과 「고향의 향수」와 같이 전남 강진에 대한 유년기의 아련한 향수를 노래하는 시 등 서정적인 깊은 감성과 내면의 울림에 호소하는 여성 특유의 정갈한 시편들이 특색 있는 시들이 아닐까 한다.

햇살 따라 돌담길 사이/ 만개한 모란꽃 추억 한 아름/ 주마등처럼 낙화하는 꽃송이 바라보니/ 시집간 울 언니 그리워진다// 천년 비색의 고려청자 골/ 흙을 다루는 도공의 혼을 담은/ 장인의 손끝처럼/ 전통 민화 담긴 도자기들 보니/ 어머니가 수놓은 책상보가 생각난다// 고향 강진 땅을 그리는 말굽처럼/ 사색과 명상의 다산 오솔길/ 정약용이 머문 다산 초당 거닐 때/ 동백꽃 길 붉은 융단 깔린 백련사/ 아련한 달무리 스며드는 그리움

—「고향의 향수」 일부

시인의 고향에 대한 그리움과 향수는 연상 작용에 기반을 두고 있는 것 같다. 고려청자는 전북 부안과 시인

의 고향인 전남 강진요가 유명하다고 한다. 송(宋)나라 월주자기(越州磁器)의 영향을 받은 고려청자는 비취색의 은은한 색깔이 매력적이었기에 시대를 초월하여 많은 사람들의 끊임없는 사랑을 받았을 것이다. 철분이 조금 섞인 백토로 만든 형태 위에 철분이 1~3% 정도 들어 있는 장석질 유약을 입혀 1,250~1,300℃ 정도에서 환원염으로 구워낸 고려청자는 전승이 끊어져 아직도 고유의 색채를 만들지 못하는 아쉬움을 가지고 있다.

동양적 음양오행(陰陽五行) 사상을 나타내는 오방색(황(黃), 청(靑), 백(白), 적(赤), 흑(黑))의 5가지 전통 색채를 기반으로 어머니가 수놓는 책상보를 보면, 어머니가 올올이 수를 놓는 책상보가 그리울 정도로 어머니에 대한 시인의 유별난 사랑을 짐작하게도 된다.

'화중지왕(花中之王)' 혹은 '국색천향(國色天香)'이라고 일컬어지며 5~6월에 개화되는 모란꽃을 보고는 시집간 꽃처럼 예쁜 언니를 연상하기도 한다. 조선 후기의 대표적 사상가인 정약용(丁若鏞)이 1801년(순조 1) 신유사옥에 연루되어 강진으로 귀양와 유배생활을 하던 중, 1808년에 윤규로(尹奎魯)의 산정이던 이 초당으로 처소를 옮겨 1818년 귀양에서 풀릴 때까지 10여 년간 생활한 곳이 바로 다산초당(茶山草堂)이라고 하는데 다산초당을 거닐 때와 동백꽃으로 유명한 만덕산 백련사(白蓮寺)를 보고는 '아련한 달무리 스며드는 그리움'에 잠긴다고도 하였다. 연상으로 다함없는 그리움을 표출한 시인의 의도는 향수(鄕愁) 중에도 고향에 대한 향수라는 'home sickness'가 아닐까?

이와 같이 위의 시는 연상의 고리로 이어지고 있음은 시인 특유의 개성적 표현법의 일환이 아닐까 한다. 평범한 어휘도 이와 같이 시(詩)에 쓰이는 시어(詩語)가 되면

함축적 의미로 사용되어지는 언어의 특성을 가지게 된다.

그 외에도 4부 '발자국 남기며'에는 18편의 시가 보이며, 5부 '까만 눈 크게'에는 20편의 시가 보이지만 지면상 모두 다룰 수 없기에 아쉬움이 클 수밖에 없다.

3. 갈무리.

"시(詩)란 무엇인가에 대하여"에서 박두진은 '시는 언제나 우리의 삶을 새로 출발하도록 고무하며, 그 삶의 근원으로 되돌아가게 할 것이다'라고 진술하였다. 시를 정의할 때는 관점과 방법에 따라 다양한 정의와 해명이 가능하기 때문에 논란의 여지가 많다고 할 수 있을 것이다. 동양적 관점에서는 『서경(書經)』에 '詩言志(시는 뜻을 서술하는 것)'라고 하여 시의 내용을 강조하였다는 점이 우선시 되었으며, 서양적 관점에서는 '시는 사상의 정서적 등가물(等價物)이다'라는 엘리어트(T. S. Eliot)의 시에 대한 정의가 강조되었다고 생각된다.

따라서 언어예술인 시의 정의는 대체로 '시는 작가의 사상과 정서를 상상력을 통해 운율적인 언어로 압축하여 표현한 문학'이라고 정의할 수 있을 것이다.

문정희 시인은 EBS 〈동네 책방〉에서 시란 무엇이냐에 대한 물음에 "몸 속에 호흡처럼 살아있는 것"이라고 답하며, "시는 마음껏 쓰는 것이 중요하다"고 하였는데, 아마 문정희 시인에게 시는 그를 존재하게 하는 가장 본질적인 호흡과 같은 것이었다고 생각할 수 있을 것이다.

문정숙 시인과 같이 생각과 사유를 떠오르는 시상으로

언어화하는 것은 숙련공과 같은 시인의 능력이겠지만, 시에 대한 애정과 끊임없는 관심으로 꾸준히 시를 사유화한다는 것은 크나큰 축복된 삶이 아닐까 생각한다.

문정숙 시인의 육화된 생각과 감정의 결정체인 시집 『수선되어 가는 삶』에는 전91편의 시들이 제각기 작가의 사상과 정서가 날줄과 씨줄로 마치 숙련된 장인(匠人)의 능수능란한 솜씨로 군더더기 없이 촘촘히 직조(織造)되어 있다.

당송팔대가(唐宋八大家)인 송대(宋代) 소동파(蘇東坡)는 성당(盛唐) 왕유(王維)의 시와 그림을 보고 "詩中有畵 畵中有詩(시 속에 그림이 있고, 그림 속에 시가 있다)"라고 평을 하였다. 이 말은 곧 시를 통해 확장되는 무한한 상상력이 그림이 되고, 아울러 그림 속의 정의(情意)를 통해 시의 세계에 깊이 들어가는 경지를 맛볼 수 있다는 것이 된다고 하겠다.

문정숙 시인의 다양한 시적 체험과 생각과 정서와 마음속에 떠오르는 사유들의 결정체인 시편들은 각박하고 메마른 현대인들의 정서를 어루만지고 매듭을 지어 위로와 희망과 따뜻한 정을 느낄 수 있게 할 것이다.

문정숙 시인은 난해(難解)하고 고루(固陋)한 시어를 사용하지 않고 단단하면서도 짜임새 있는 문장들로 전반적인 시의 구조를 생기 있게 만들고 있음은 그의 시작업(詩作業)이 얼마나 지난(至難)했는가를 여실히 증명하고 있다고 하겠다. 시를 시답게 창작하였기에 우리는 그의 시를 가슴으로 느끼고 읽어야 할 것이다. 그것이 시적 화자인 문정숙 시인의 정서와 태도를 통해 시에서 말하고자 하는 주제를 파악할 수 있을 것이다.

夜色迢迢近五更(긴 긴 밤 잠 못들어 새벽녘이 가까운데)
滿庭秋月正分明(뜰에 가득 가을 달빛 너무 밝기만 해서)
凭衾强做相思夢(이불 쓰고 겨우 사랑하는 이 꿈 꾸지만)
繼到郎邊却自驚(그대 곁 이르면 스스로 놀라 깨고 마네)

—「추규사(秋閨詞)」 전문

위의 한시(漢詩)는 조선 정조 때 남원에 살던 양반 규수 김삼의당(金三宜堂)의 칠언절구의 시이다. 김삼의당은 같은 날 같은 시에 태어난 담락당(湛樂堂) 하립(河笠)의 부인이라고 전해진다. 『수선되어 가는 삶』의 시들에서 문정숙 시인과 부군 두 부부 사이의 사랑이 표현되었듯이, 한시(漢詩)에서도 김삼의당과 하립 두 사람의 사랑이 절절하게 묻어나는 시라고 할 수 있을 것이다. 특히 가을밤은 사랑하는 여인에게 그리움이 쌓이는 속성을 갖는다고 하겠다. 밤은 길어 잠은 들지 않고, 그래서 가을밤의 여인들의 한숨은 깊어질 수밖에 없을 것이다. 그런데 들창으로 밝은 가을 달빛이 비치기라도 하는 날에는 임을 그리워하는 마음은 더욱 간절할 것이다. 꿈에서나마 사랑하는 임을 만나보고 싶은데, 그대 곁에 이르면 꿈에서 깨어나는 안타까운 일이 있다는 고백에서 사랑과 그리움이란 것은 그런 안타까움으로 더욱 깊어지는 것이 아닐까 생각한다.

문정숙 시인의 사랑하는 임에 대한 절절한 사랑의 고백도 위의 시와 같이 그의 시집 『수선되어 가는 삶』 곳곳에서 발견되어 짐은 인지상정(人之常情)이 아닐까? 아울러 원형적 심상이 섬세하고 우아한 미(美)라고 한다면, 여성적인 시의 고전적이면서 모범을 보인 문정숙 시인의 시들은 가장 한국적 정서인 사랑과 그리움과 향수(鄕愁)를 느낄 수 있는 아름다운 서정의 세계를 엿보게 한다는데 의의가 있을 것이다.

광주문인협회 문학마당

시 문정숙

마음의 별

허공에도 아름다움이 있듯이
아주 가끔은
나 스스로 불 가루 뿌리며
밤하늘 등대가 된다

행복이란 찬란한 초대받으며
은하수 건너가는 조각배의 주인공이 된다

마음의 별은 유유히 흐르고
황홀한 감정 억누르기 위해
별빛조차 잠드는 사이
높은음자리 마침표 그린다

초승달 속에 새겨두고
높이높이 승천하는 별이여 사랑이여

넓은 세상 서로 엉키듯 새끼줄에 묶어
빛으로 빠져나가지 못한 숙명의 언저리
뜨거운 혈관을 통하여 창작의 문 열리니

하늘 구름이 걷히고
내 마음 안에 봉황의 별자리로
쏟아지는 영혼의 별 놓치지 않으리

약력

▶세계문학상 본상, (사)대한방송언론기자협회 · 세계장충인재 대상
▶세계문화예술 공로상, 대한민국 예술문학 세계대상, 대한민국경제문화공헌 시-대상
▶시집 : '여명의 빛 하늘 아래', 논문 : 채만식 희곡의 특성 고찰, 자필 시화전(6회), 시-낭송작품 4편, 유튜브에 방영

문학세계대표작가선 957

수선되어 가는 삶

문정숙 시집

인쇄 1판 1쇄 2021년 12월 6일
발행 1판 1쇄 2021년 12월 13일

지 은 이 : 문정숙
펴 낸 이 : 김천우
펴 낸 곳 : 도서출판 천우
등 록 : 1992. 2. 15. 제1-1307호
주 소 : 서울시 성동구 무학봉28길 6 금용빌딩 2F
전 화 : 02)2298-7661
팩 스 : 02)2298-7665
http://moonhak.wla.or.kr
E-mail : chunwo@hanmail.net

값 13,000원

ISBN 978-89-7954-857-0